# 网络经济商业模式
## 理论模型与机制研究

李亮宇 著

中国商业出版社

图书在版编目(CIP)数据

网络经济商业模式/李亮宇著.——北京：中国商业出版社，2017.8
ISBN 978-7-5044-9922-6

Ⅰ.①网… Ⅱ.①李… Ⅲ.①网络经济—商业模式—研究 Ⅳ.①F713.365.2

中国版本图书馆CIP数据核字（2017）第137187号

责任编辑：王彦

中 国 商 业 出 版 社 出 版 发 行
010—63033100　www.c—cbook.com
（100053　北京广安门内报国寺1号）
新华书店经销
北京京华虎彩印刷有限公司
\* \* \* \* \*
710毫米×1000毫米　1/16开　13.5印张　218千字
2017年8月第1版　2017年8月第1次印刷

定价：39.80元
\* \* \* \* \*
（如有印装质量问题可更换）

# 前　言

　　毋庸置疑，今天全球已经进入了以互联网技术为载体的网络经济时代。面对网络经济的复杂性和不确定性，企业以往的商业模式面临挑战，类似于诺基亚、柯达这些曾经的行业巨头都遇到了经营困难，甚至被迫申请破产保护。应当说这些曾经的行业巨头在业界经营多年，对本行业的把握和商业模式的了解不可谓不精通，管理也非常精细严谨，之所以遇到挑战却束手无策不堪一击，以致人们还没有搞清楚自己做错了什么就输了。究其根本原因，是这些企业的商业模式出现了问题，无法适应互联网时代的市场需求。

　　为了改变这一切，不少企业家们努力创新商业模式，其中相当多的企业取得了一些成功和进展，但由于缺乏系统性理论研究的指导，创新的成本很高，即便少数成功的案例也几乎是一个企业一个模式，难以借鉴仿效和复制推广缺乏指导意义。如何通过网络经济商业模式形成的内在维度和相关机制的理论研究与实证分析，了解由工业经济时代到网络经济时代商业模式背后的逻辑变化，找出那些创新实践成功案例中的共性或规律，构建网络经济商业模式的理论模型和机制是本文研究的方向和目标定位。

　　本书从网络经济的自身特征，网络经济商业模式的类型和形成的内在驱动力入手，对本文的研究背景、研究范围、相关理论做出了文献回顾与概念界定。本书的创新之处在于，作者提出了网络经济商业模式的新维度，即由连接、跨界和界面组成的结构性维度和由社群、平台和场景组成的关联性维度。本书强调，正是这些新维度是导致传统经济商业模式在网络经济时代被颠覆的根本原因。作者以价值基础理论为基础，分析了网络经济商业模式下价值共创、价值分配与价值专属实现价值创造的方式，并进一步提出了价值创造机制、隔离机制和治理机制。本书认为，这三种机制是网络经济商业模式的运行形式，与维度共同组成了网络经济商业模式的理论模型。

本书从技术路线和逻辑思路上看，可以将网络经济商业模式理论模型的构建分为五个部分。

第一部分是全书的基础，包含第一章和第二章，属于基本理论部分。在这两章里，主要讨论了本书问题导向的出发点、研究的背景、目的和研究框架，对商业模式、商业模式的维度、商业模式的机制研究、价值基础理论进行了文献回顾，给文章的研究背景、研究范围、相关理论做出了界定，在表明写作目的的同时探讨问题出现的背景和原因，为全书的展开做出了铺垫。

第二部分就是第三章，属于理论模式构建部分。本书在前述理论回顾的基础上创新性地提出了网络经济商业模式的理论模型：首先是对网络经济商业模式的新维度进行了详细的描述。通过分析网络经济商业模式的内在机制及其关系，对网络经济商业模式维度之间的关系进行了深入的理论分析，并构建了一个完整的网络经济商业模式的理论模型。

第三部分是第四章、第五章和第六章，属于机制构建与分析部分。在这三章中，本书用专章的方式详细地分析了网络经济商业模式的价值创造机制、隔离机制和治理机制及其特点，重点讨论了企业在互联网时代是如何创造价值、分配价值和实现价值专属的作用机理以及网络经济商业模式理论模型维度间的相互作用关系。本文详细阐明了网络经济商业模式下价值创造机制、隔离机制和治理机制的关系。本文在经济学传统租金租金理论的基础上，分析了李嘉图租金、彭罗斯租金、熊彼特租金与互联网商业模式租金形态的差异，创新性地提出了网络经济时代形成的新型租金——连接红利，并分析了它的作用机理。研究了基于顾客的隔离机制，以及治理机制在网络经济正反馈效应下的变化。同时对网络经济商业模式理论模型的维度之间的相互关系提出了命题。

第四部分即第七章，案例分析部分。运用多案例对比研究方法对案例进行比较分析，对网络经济商业模式的理论模型予以佐证。全书运用多案例对比理论研究方法对案例进行比较分析和多案例单点分析的并行方式，通过"红领制衣""小米手机""哞哞车服""罗辑思维"作为案例对前文命题进行了论证。

第五部分即第八章，结论与启示。对全书的研究成果进行总结和未来研究发展的预期。

本书研究的成果和创新点主要有以下几点：

第一，通过网络经济商业模式的相关理论研究，提出了适用于各类不同企业商业模式创新的理论框架。构建了网络经济商业模式理论模型。

第二，引入了连接、跨界和界面的结构性维度和社群、平台和场景的关联性维度，对前人网络经济商业模式的维度研究进行了补充。

第三，揭示了网络经济商业模式理论模型的运行机制——价值创造机制、隔离机制和治理机制的作用机理，解释维度之间相互作用关系，并分析了这些机制之间的关系。

第四，在网络经济对传统租金理论影响的基础上拓展并修正了经济租金的内涵外延，揭示了网络经济时代特有的经济租金——连接红利，并展开了详细的论证。

本书从问题导向入手，在理论上演绎了网络经济商业模式的研究，为网络经济商业模式的深入研究提供了理论模型。从实践上揭示了网络经济商业模式的创新实践的方向，尤其是为企业家通过学习掌握网络经济商业模式的理论模型，结合实际设计出适合本企业的网络经济商业模式提供了一条途径。

# Abstract

There is no doubt that global business is working under internet technology today. In order to control the uncertainty and complexity of the network economy, entrepreneurs (like Kodak, NOKIA) constantly strive innovating new business model. Indeed, many enterprises create different business models in practice. But in theoretical points of view, although numerous business models exit, there are still many common has not yet been found. In this paper, we try to explore the commons and law behind business models, and use them to build the theoretical model of the network economy and business model, which provides practical guidance in future.

We study from characteristics of network economy, network economy business model, the types and formation of the internal driving force. First we figure out this article the research background, research scope, and the relevant theories. In thesis research process the author introduces the new dimension of the network economy business model, which consists of connections, crossover and interface as structural dimensions and of community, platform and scene as correlation dimension. And points out what led the traditional economic business model to crash in the network economy era. After that wediscuss thevalue creation, value distribution and value appropriate of the network economy business model under the value based theory and put forward the creating mechanism, governance mechanism and isolation mechanism. These three mechanisms is a part of the theoretical model of network economy business model.

In this paper, author focus on the network economy business model, and we study it from theoretical model of network economy business models. This paper includes four parts. The first part is the research agenda, including chapter one and chapter two, which determines two key words: business model, value based theory. It respectively introduces the background, subject and perspective to the research background, research scope, the definition, and provides the basis for the full research. The second part is chapter three, which mainly proposal the theoretical model of network economy business models. First, we descriptof dimensions of the theoretical model of network economy business models, which is the most important reason of this innovation. Second, we use creation mechanism, governance mechanism and isolation mechanism with the dimensions to explain he theoretical model of network economy business models.

The third part includes chapter four, chapter five, chapter six and chapter seven. We discuss the network economy business model creation mechanism, governance mechanism and isolation mechanisms. We also make analysis of how enterprise creates, distribute the value and realize of value appropriation in network economy.

The fourth part is chapter seven. In this process, we use some case study to prove the topic. we compare cases in order to prove network economy business model.

The last part is chapter eight. In this part we make a conclusion about whole paper and give some suggestion about further research.

The author analyse the relations of creation mechanism, governance mechanism and isolation mechanism of network economy business models in detail. We discuss the traditional rents such as Ricardian Rents, Penrosian Rent, Schumpeterian Rents and the new economy rent—linkage dividend. We take case study and ground theory as empirical method and use several cases to prove mechanisms, such as "Hongling Zhi Yi", "Xiaomi", "Dada Che Fu" and "Luo Ji Si Wei".

First, the biggest contribution of this paper is to build theoretical model of network economy business models and summarize a complete framework of network economy business models.

Second, on the basis of previous studies, this paper gives the new dimensions of network economy business model. Base on the traditional business model dimension, structural dimension, such as linkage, cross—border and interface isdiscussed, and related dimension—the community, platform and scene.

Third, we discuss network economy business model mechanism: creation mechanism, governance mechanism and isolation mechanism.

Fourth, in the network economy, traditional economic rents is not enough to explain the network economic value creation, based on previous research, the introduction of the linkage dividend, and through the new resource based view and relational exchange, we made the corresponding economic explanations for linkage dividend, that linkage dividend generate from deeply developing of slack resources and making full use of social capital to generate rents.

This paper not only extends the research on the existing business model and find out the theoretical model of network economy business models, but also inspired the reform of business practices. The author find out the way of innovation of network economy business models in practice, especially the Chinese enterprises can try to use the theoretical model of network economy business models to design their own model in order to serve theirs special situation.

Keywords: Network Economy; Business Model; Theoretical Model; Linkage Dividend; Value Creation Mechanism; Isolation Mechanism; Governance Mechanism

# 目 录

## 第1章 绪 论 ........................................... 1

### 1.1 研究背景 .......................................... 1
#### 1.1.1 现实背景 ....................................... 1
#### 1.1.2 理论背景 ....................................... 3
### 1.2 研究目的与意义 .................................... 5
### 1.3 研究思路 .......................................... 5
### 1.4 研究方法 .......................................... 6
### 1.5 文章结构与主要内容 ................................ 7
### 1.6 论文的创新与不足 .................................. 10
#### 1.6.1 创新 ........................................... 10
#### 1.6.2 不足 ........................................... 11

## 第2章 理论综述 ........................................ 12

### 2.1 商业模式 .......................................... 12
#### 2.1.1 商业模式的综合概述 ............................. 12
#### 2.1.2 网络经济商业模式的类型 ......................... 16
#### 2.1.3 网络经济商业模式形成的驱动力 ................... 20
### 2.2 商业模式维度的文献综述 ............................ 31
### 2.3 商业模式机制研究的理论基础 ........................ 36
#### 2.3.1 价值基础理论概述 ............................... 37
#### 2.3.2 网络经济商业模式价值基础的主要构成 ............. 38

## 第3章 网络经济商业模式的理论模型 ...................... 42

### 3.1 网络经济商业模式的结构性维度 ...................... 43
#### 3.1.1 连接 ........................................... 43

####### 3.1.2 跨界 ························································································ 50
####### 3.1.3 界面 ························································································ 53
##### 3.2 网络经济商业模式的关联性维度 ············································· 57
####### 3.2.1 社群 ························································································ 57
####### 3.2.2 平台 ························································································ 61
####### 3.2.3 场景 ························································································ 67
##### 3.3 网络经济商业模式的理论分析模型 ····································· 73
####### 3.3.1 网络经济商业模式的内在机制 ··········································· 73
####### 3.3.2 网络经济商业模式理论模型 ··············································· 76
##### 3.4 本章小结 ······················································································· 79

## 第4章 网络经济商业模式的价值创造机制 ···························· 80
##### 4.1 网络经济价值创造变革 ································································ 80
####### 4.1.1 载体变革 ················································································· 81
####### 4.1.2 方式变革 ················································································· 83
####### 4.1.3 逻辑变革 ················································································· 85
##### 4.2 网络经济的经济租金 ···································································· 88
####### 4.2.1 租金来源的改变 ····································································· 88
####### 4.2.2 连接红利 ················································································· 92
##### 4.3 连接红利的经济学解释 ································································ 95
##### 4.4 本章小结 ······················································································· 98

## 第5章 网络经济商业模式的隔离机制 ····································· 100
##### 5.1 获取价值的机制类型 ································································· 100
####### 5.1.1 竞争机制 ··············································································· 101
####### 5.1.2 隔离机制 ··············································································· 101
##### 5.2 隔离机制的特质 ········································································· 104
####### 5.2.1 隔离机制形成的理论来源 ·················································· 104
####### 5.2.2 隔离机制的主要特性 ·························································· 105
####### 5.2.3 隔离机制对厂商的重要性 ·················································· 106
##### 5.3 隔离机制的种类 ········································································· 107

5.3.1　资源基础观点：让战略性资源难以被模仿 …… 107
5.3.2　先行者优势理论：让竞争厂商无法迅速接近资源 …… 107
5.3.3　制度化理论：影响竞争厂商的模仿意愿 …… 108
5.4　基于顾客的隔离机制 …… 110
5.5　网络经济下全面防护性隔离机制的构建 …… 113
5.5.1　发展以顾客为基础的隔离机制 …… 114
5.5.2　高度动态环境下隔离机制的设计 …… 116
5.5.3　建构全面性防护隔离机制 …… 117
5.6　本章小结 …… 117

# 第6章　网络经济商业模式的治理机制 …… 119

6.1　网络经济的组织间关系 …… 119
6.1.1　网络经济下的引力模型 …… 120
6.1.2　引力与交换价值 …… 122
6.1.3　期望—感知差距 …… 123
6.1.4　企业价值 …… 125
6.1.5　顾客价值 …… 126
6.1.6　引力系数 …… 127
6.1.7　网络经济组织间关系与组员数量之间的正反馈效应 …… 128
6.2　商业模式治理机制的变革与特征 …… 130
6.2.1　网络经济界面规则要素变化 …… 130
6.2.2　网络经济商业模式治理的特征 …… 132
6.2.3　基于产品的界面规则 …… 133
6.3　治理机制的变革 …… 135
6.3.1　交易治理 …… 136
6.3.2　关系治理 …… 136
6.3.3　知识治理 …… 138
6.3.4　网络经济商业模式治理机制的构建 …… 139
6.4　本章小结 …… 140

# 第7章　多案例研究 …… 141

7.1　案例研究设计 …… 141

  7.1.1 研究方法 ·········································································· 141
  7.1.2 案例选择 ·········································································· 142
  7.1.3 资料收集 ·········································································· 143
  7.1.4 资料分析 ·········································································· 145
 7.2 **多案例比较分析** ···································································· 146
  7.2.1 案例简介 ·········································································· 146
  7.2.2 案例背景比较 ····································································· 148
  7.2.3 价值创造机制的跨案例比较分析 ················································ 149
  7.2.4 隔离机制的跨案例比较分析 ····················································· 152
  7.2.5 治理机制的跨案例比较 ··························································· 156
  7.2.6 研究结论 ·········································································· 160
 7.3 **案例研究评估** ······································································ 162
  7.3.1 信度 ··············································································· 162
  7.3.2 效度 ··············································································· 163

## 第8章　结论与启示 ······································································ 165

 8.1 **结论** ················································································· 165
 8.2 **启示** ················································································· 167

## 参考文献 ····················································································· 169

 一、英文参考文献 ········································································· 169
 二、中文文献 ················································································ 190

## 附　录 ························································································ 195

 附录一：研究对象二手数据部分清单 ················································· 195
 附录二：访谈提纲 ········································································ 197
  一、企业访谈 ············································································· 197
  二、用户访谈 ············································································· 198

## 后　记 ························································································ 199

# 第 1 章 绪 论

## 1.1 研究背景

### 1.1.1 现实背景

互联网时代，信息资源的社会关系形态和内容产生形态趋于去中心化（decentralization）。人们可以在网络上自由地表达自己的观点或创新、创造属于自己的原创内容。这些内容也不再仅限于特定少数人群所生产，而是全体网民共同创造的结果。消费者导向促使商业模式发生改变。网络经济商业模式表现出与传统工业经济商业模式不同的形态特征和逻辑。企业的思维路径从供应端主导向需求端主导转变。在形态特征上这种改变一方面是给企业运作带来了期望的复杂化，企业活动主要分为提供和交换。在传统工业经济时代，企业与顾客关系仅短暂存在于产品交易过程，双方的期望相对简单。互联网时代，生产和服务之间、生产者与消费者之间经常不能彼此区分开来，买卖双方结成一种持续发展的相互交换关系，推动其发展的期望不仅是利益，还掺杂着信息和情感。另一个方面就是增加了企业实施的难度。与以往企业实施基于具体实施方案和计划相比，互联网时代企业是在超竞争环境中不断的颠覆下实施的。企业需要不断地改革创新彻底改变以适应需求的变化，而且这种改变必须是在整个理论思想和竞争战略实施上的变化。其中不同的基本原则造就了不同的组织架构。

在商业模式逻辑的改变主要体现在实现价值方面。其一，网络经济商业模式通过搜寻并连接社会冗余来实现价值创造。如滴滴打车就是利用社会上闲置的汽车（或汽车座位）来为需要坐车的人服务。与以往创造价值凭借资源或能力的异质性有所不同，网络经济商业模式的价值创造主要是利用消费者偏好的异质性。就拿订车软件来说，使用快车往往是对于乘车舒适度要求不高的乘客，使用专车往往是对于乘车舒适度要求有要求的乘客。罗珉教授等人（2015）认为连接将挖掘出消费者深层次的需求，通过满足不同用户的需求实现价值创造。网络经济商业模式鼓励消费者参与创造，企业与消费者共创价值。并由此产生了新的经济租金——连接红利。其二，网络经济商业模式的价值获取方式发生了变化。很多的行业巨头被门外的野蛮人的跨界经营打败。欧洲著名的手机制造商 Nokia Corporation，1996 年起曾连续 14 年占据全球市场份额第一，而苹果公司 2007 年 6 月才发售第一款手机，仅四年之其销售量就超过 Nokia Corporation，之后 Nokia Corporation 连年亏损，2013 年 9 月被微软公司收购。与此同时，Uber 进入运输服务业也深刻地影响了出租车行业的利润。而在这些商业活动的背后，都存在着价值滑动。价值滑动在公共领域是可以被接受，但在盈利为目的的商业领域，盈利能力的期望决定商业模式的生存概率（Arora et al.，2009）。究其原因，网络经济商业模式价值分配和价值专属的机制改变有关。随着大数据技术和网络技术的发展，信用的显性化让网络经济商业模式价值分配更强调信任为基础。与此同时消费者偏好取代科技和资源成为企业的主要隔离机制。Adner 和 Snow 教授（2010）和叶光亮教授（2012）的研究表明根据顾客差异性决定的策略往往使企业在顾客细分的情况下有突出表现，即使企业仅仅拥有已被大家认同，很普遍的资源。这种优势可以在不以资源或能力为屏障的基础下持续。叶光亮教授认为这是一种基于意愿的隔离机制，但处于消费者主导的网络经济下，本文认为这种理解并不能解释机制与顾客之间的联系。

已有的研究表明，商业模式是一个组织在确定外部假设条件、内部资源和能力的前提下，通过整合组织本身、顾客、供应链伙伴、员工、股东或利益相关者来获取超额利润的一种战略创新意图，和可以实现的结构体系以及制度安排的集合（罗珉，曾涛，周思伟，2005）。本文是按照这一定义来展开研究的，本文认为，网络经济商业模式是在信息对称且去中心化的互联网下，协同供需双方共同形成社群平台，以实现基于顾客偏好的隔离机制来维护商业生态系统的稳定和获取连接红利的商业模式群。

互联网时代的超竞争环境下消费的时空限制被打破，企业无法形成区域市场，时空带来的传统隔离机制也缺乏存在的意义，同质企业共存空间被压缩，这使得网络经济商业模式的可复制性极差，通常某个特殊领域中只有极少数的企业能够存活。如团购网站曾掀起的"百团大战"，到后来的减少为大众点评、美团、糯米的三足鼎立，再到现在大众点评与美团的合并。从另一角度来看，网络经济时代企业的先行者优势极为明显。所以研究网络经济商业模式成功个例的意义不大，只有从成功案例中比较找出网络经济商业模式的共性，根据企业自身特点构建适合的商业模式，才能指导企业的商业模式创新实践。

## 1.1.2 理论背景

商业模式理论模型是指在某一时段适用于商业的基础模型。理论模型不同于常说范式，这些模型也具有一般性，但又具有时效性，随着时间的推移会出现问题，并不像范式会得到公认和具有普适性。

Hamel（2000）最早提出的商业模式理论模型，在他看来商业模式的理论模型的四个维度通过三种关系联系在一起，分别是顾客界面与核心战略通过顾客价值联系，核心战略与战略资源通过结构配置联系，战略资源与价值网络通过企业边界联系。在他看来模型运行依靠效率，独特，相适应与利润来维持的。顾客界面是整个模型的出发点，也就是顾客是商业模式的出发点。随后 Zott 和 Amit 提出自己的观点，他们把商业模式简化成设计元素（结构性维度）和设计主题（关联性维度）两个维度，设计元素表示商业模式的构成，包括内容、结构和治理；设计主题表示商业模式的导向，其中包括新颖、互补、效率和锁定。随后 Osterwalder 和 Pigneur（2004）对商业模式进行了进一步的细分，他把商业模式分成了顾客、产品、财务和企业内部管理四维度，包含了十个要素。在他们看来，基于价值链的商业模式除了创造价值和获取价值外，实现价值传递是维持商业模式运转的重要机理。但整体来说他们的分析主要集中在静态的理论模型，缺乏对动态机制的研究。

而与此同时 Shafer（2005）提出了一种与以往截然不同的理论模型，那就是并非依靠结构而是通过逻辑提出理论模型。在他看来商业模式是与企业发展同步的，根据发展的逻辑来定义归纳商业模式更符合实际情况。于是他根据商业模式的起点（战略选择）、载体（价值网络）和诉求（价值创造和价值获取）划分了四个维度。

2010 年前后，网络经济逐渐进入移动互联网时代，包括了 Johnson 和 Christensen 的四维度模型、Itami 和 Nishino 的双维度模型和 Teece 的环状模型。其中 Johnson 和 Christensen 的四维度模型和 Itami 和 Nishino 的双维度模型都属于结构型理论模型，前者分为关键流程、关键资源、盈利模式、价值主张四个维度，他们认为价值主张是商业模式发展的前提，也强调四者之间的前后顺序和反向掣肘，重视之间的协调性。Itami 和 Nishino 更聚焦于企业，把商业模式理论模型分为盈利模式和业务系统两个维度，其中的运行机制主要是组织学习与价值传递。

Teece 于 2010 年提出了环状的商业模式理论模型，同样基于价值逻辑设计的商业模式。它是从选择产品、确定受众、到辨识市场、设计价值获取机制。在这个模型中，Teece 强调了商业模式的主观性和动态性。他认为商业模式是反映顾客、成本乃至对手的，会随着周围一切因素发生着变化。

随着研究的深入，这些商业模式理论模型随着企业的需求和环境的变化在增减着自身的内容。但商业模式是具有动态性的，网络经济下这些模型都有一些共同的不足，一方面这些理论模型普遍考虑了价值创造乃至价值获取，而非实现价值，价值创造并不能保证企业实现价值，价值获取也不能保证企业的可持续发展。同时基于价值共创和价值网络的商业模式需要考虑价值分配下价值专属才有意义，仅考虑价值获取容易形成投机行为，并不能形成可持续的发展；另一方面这些理论模型虽然绝大部分考虑了顾客，但仍主要站在组织或企业的视角，没有把消费者作为重点，商业模式强调依旧是资源、能力或战略选择，而非消费者偏好，社群，消费者同步效应等基于顾客的内容，所以在理论模型中他们很少考虑商业模式维度的变化。

## 1.2 研究目的与意义

本文的研究遵循的是现实问题导向的逻辑思路来进行研究的。本文认为，通过了解国内外商业模式问题的研究现状可以发现，关于网络经济商业模式的研究非常稀少，特别是针对商业模式理论模型这一研究视角，研究成果更加稀少，因此本文拟构建网络经济商业模式的理论模型，并从价值基础理论出发提出三种机制来解释网络经济商业模式理论模型的工作原理。以期对商业模式的研究发展有所贡献。

本研究首先从网络经济商业模式维度的提炼出发，得出了网络经济商业模式的新维度。再在价值基础理论的研究基础上衍生出来的三个机制——价值创造机制、治理机制和获取机制进行研究（其中获取机制通过隔离机制体现），力图通过这三个视角来揭示网络经济商业模式的理论模型的工作原理。利用获得的新维度和机制共同构建出网络经济商业模式的理论模型。并在这过程中揭示了网络经济商业模式价值创造机制产生的特有租金——连接红利，表现网络经济商业模式的治理机制，得出网络经济实现价值专属的方式——构建基于顾客的全面隔离机制。同时本文研究旨在弥补过去网络经济商业模式研究过于重视微观的具体的商业模式，而对于网络经济商业模式理论模型研究的不足。本文中使用许多基于需求端的理论的前沿概念如消费者协同，丰富了当前国内商业模式研究的理论内涵。本文揭示了网络经济商业模式的内在本质，又与中外管理实践相结合，具有一定的理论意义与现实意义的。

## 1.3 研究思路

本文构建网络经济商业模式的理论模型，并通过价值创造机制、治理机制和隔离机制三个机制来讨论网络经济商业模式的工作原理。三大机制是基于价值基础理论研究得来的。网络经济商业模式的类型五花八门，且可复制性差，仅仅就单个商业模式进行探讨很难把研究做深。通过归纳得出网络经济商业模式的理论模型是很有必要的，而且商业模式本身涉及价值创造的逻辑和商业资源的有效协调。所以通过价值的视角观察商业模式在网络经济下的变化更具有针对性、更容易理解商业模式变革。

　　本文对于商业模式变革的研究是采取逐步深入的思路。第一步，本文首先提出了网络经济商业模式变化的大环境，也就是网络经济商业模式形成的驱动力——科技、开放式创新、报酬递增和需求端主导。这些特征是促使这次商业模式变革的主要因素。然后本文回顾了网络经济商业模式理论框架与机制的研究现状以及对价值基础理论进行讨论。在这一步为网络经济商业模式理论模型的深入性研究做铺垫，其中价值基础理论可以看作是网络经济商业模式相关机制研究的必要条件。

　　第二步，本文从深入剖析了商业模式的构成入手，提出了网络经济的商业模式构成的新维度。并深入探讨了网络经济商业模式的运行机制。据此提出了网络经济商业模式的理论模型。

　　第三步，通过三种机制深入研究来对网络经济商业模式的变化进行剖析。本文分别从价值创造机制、治理机制和隔离机制三个机制去观察商业模式的工作原理，以及它变化的原因、动力以及影响。在这一步本文研究了网络经济造成商业模式变革的表现，提出了网络经济商业模式特有的租金形式——连接红利，详细论述了网络经济商业模式的特性，其中包括对于顾客导向下的关系治理和基于顾客的隔离机制。

　　第四步，进行案例比较分析，一方面是对于规范分析的验证，通过案例研究验证理论模型构成及相关命题的成立；另一方面是对文章内容的实践汇总。

# 1.4　研究方法

　　本文采用理论研究为主，案例分析为辅的方法。在价值基础理论的基础上，提出了网络经济商业模式的理论模型,诠释了网络经济商业模式的理论构成及其运作机理。

因此在理论分析的过程中,首先是通过相关文献分析和理解,然后在完成研究成果的历史回顾与总结后,再利用归纳的知识来进行理论逻辑的推导。与此同时,商业模式是一个众说纷纭的多维度概念,直接利用数据通过实证分析来说明存在困难,主要原因有二:(1)网络经济商业模式本身具有高度复杂性,涉及要素数量庞大,其影响因素繁多,同时涉及的内容如连接红利属于前沿内容,相关的数据很难获取,实证样本选取困难。(2)解释商业模型的理论多样,分析工具众多,很难用简单的数据将问题讲透彻。而理论研究中运用规范分析方法,通过严密的逻辑性和不受研究对象实际情况限制的优势更有利于诠释问题的本质。同时通过对于典型案例的分析可以帮助读者很好的理解理论研究。

本文部分地采用了跨学科的研究方法。将商业模式作为研究对象时,利用了经济租金、引力模型等研究工具进行分析,本身这就涉及到了组织理论与经济学的知识。而在对隔离机制的研究也有一些需要涉及到心理学和社会学的方面。

## 1.5 文章结构与主要内容

本文的内容共分为八章。

第一章是文章的绪论。本章讨论研究的现实背景和理论现状;阐述研究目的和研究意义;提出研究的思路;并对全文内容的构思进行了概述。

第二章是文章的理论综述。在这一章,首先探讨了商业模式,特别研究了网络经济商业模式的驱动力——科技、开放式创新、报酬递增和需求端导向,后三者是网络经济商业模式特有的驱动力。其次是商业模式的理论框架和相关机制的文献综述,其中讨论了历年来商业模式的维度,并且了探讨了商业模式机制研究。最后是讨论了价值基础理论。

第三章是对网络经济商业模式理论模型的讨论,也就是对本文研究对象的直接

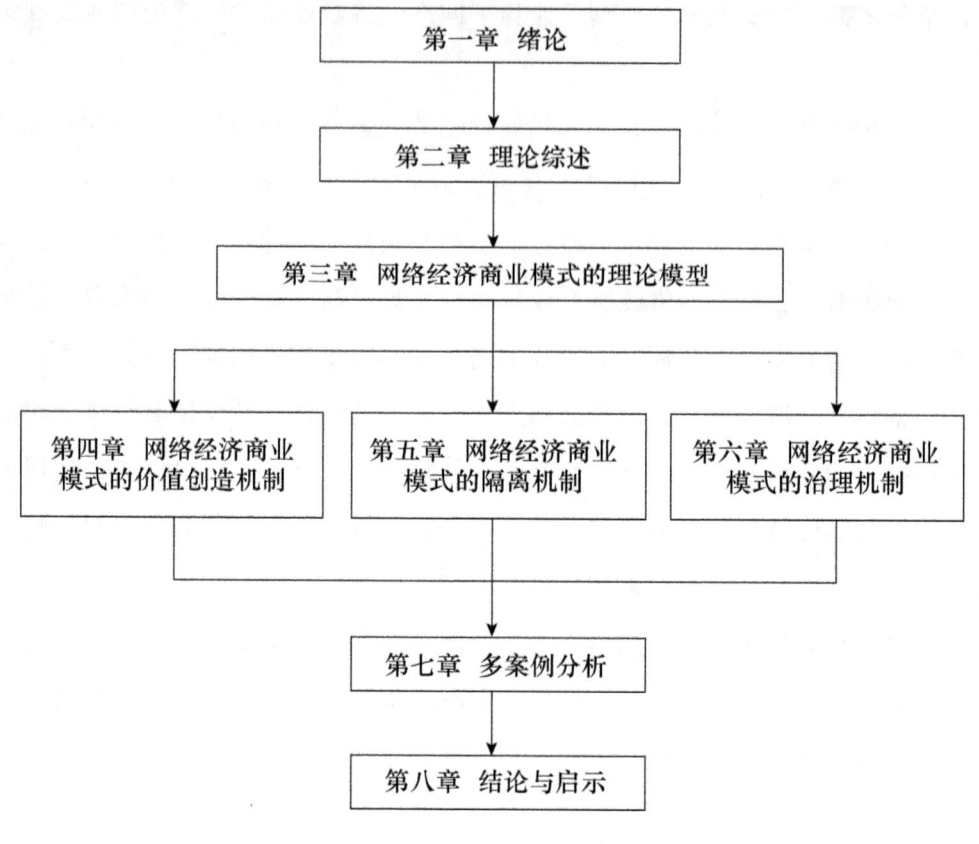

图 1-1 论文研究框架

分析。在这一章中作者主要集中对网络经济商业模式的维度进行分析。

通过对于工业经济的商业模式维度综述之后,本文提出了网络经济商业模式的新维度并进行了详细的探讨,一方面是讨论结构性维度,这里面包括连接、跨界和界面。指出在信息不对称打破以及互联网思维的影响给连接提供了便利条件,实现对一切东西的连接。在这里产品是连接载体,拼凑是连接的具体操作方式;在连接的基础上研究了跨界,尤其是跨界的途径和限制;讨论了互联网时代的界面及其类型。另一方面是分析了关联性维度,包括了社群、平台和场景。其中强调了社群是企业差异化的来源,它替代了资源成为企业的关键要素;而平台是连接的节点,它是网络的事实标准,在这里作者着重探讨了平台效应和平台的类型;接着说明场景存在的目的主要是为了满足消费者差异性需求,从而连接更多的客户。然后是对网络经济商业模式的三种机制进行研究,在价值基础理论基础上引出了价值创造机制、隔离机制和治理机制，这三个机制是网络经济商业模式的运行原理，也包含了网络经济商业模式维度之间的相互关系。本文利用维度与机制构建了网络经济商业模式的理论模型。

第四章我们研究了网络经济商业模式的价值创造机制。在这一章作者主要是从经济租金的角度去阐述价值创造的，其中最重要的概念是连接红利，对于连接红利的产生本文是通过对彭罗斯租金、李嘉图租金和熊彼特租金引入的，正是由于网络经济下租金来源的改变才催生了连接红利。而后作者从新资源基础观和组织冗余的视角对连接红利做出了解释。

第五章本文研究了网络经济商业模式的隔离机制。对于隔离机制的探讨，作者首先是从价值获取的机制来说明的，探讨了竞争机制的不足和隔离机制的重要性，随后重点研究隔离机制的特质和种类，包括模仿障碍和先行者优势，以及制度化理论对于厂商模仿意愿的影响。然后分析网络经济下隔离机制正在从基于能力或资源的隔离机制向基于意愿的隔离机制转变，而这种基于意愿的隔离机制是通过消费者实现的，所以文中最后引出了基于顾客的隔离机制。并给出了建立全面隔离机制的建议。

第六章本文探讨了网络经济商业模式的治理机制。由于文中治理机制是协调组织间关系的界面规则，所以首先本文探讨了网络经济组织间规则的特点，这里本文创造性把引力模型引入了网络经济商业模式治理机制系的研究，得出了在网络经济下，随着组员数量增加，组织间关系会更趋向紧密的正反馈效应，并给出了对应的解释。紧接着作者分析了网络经济治理机制，分析了界面规则要素的变化以及网络经济界面规则的特征。

第七章是多案例比较分析。利用多案例对比分析对网络经济商业模式的价值创造机制，隔离机制和治理机制进行研究。同时通过第七章完成对维度之间的相互作用关系的论证。

第八章是总结与启示。是对于全文观点的回顾总结，并提出了对未来研究的一些浅见。

## 1.6 论文的创新与不足

### 1.6.1 创新

第一，本文最大的贡献是提出了网络经济商业模式理论模型。互联网时代强调商业模式创新，加上信息对称强化企业的先行者优势，网络经济商业模式可重复性差，必须从成功个例中找出共性，构建全面的商业模式理论模型指导企业的网络经济商业模式创新。文章在第3.3节构建了网络经济商业模式理论模型。网络经济商业模式的理论模型弥补了成功网络经济商业模式个例难以复制的弊端。

第二，本文在前人对商业模式和商业模式维度研究的基础上，补充了网络经济商业模式的新维度及其相互关系。以往的维度主要来自于资源和企业能力，本文根据互联网时代基于消费者偏好的价值实现方式，补充了包括连接、跨界和界面的结构性维度，以及社群、平台和场景的关联性维度。文章在第3.1与3.2节提出了对应的观点。

第三，文章基于价值基础理论深入研究了网络经济商业模式理论模型的运行机制——价值创造机制、隔离机制和治理机制。与工业经济时代从企业视角观察商业模式运行机制不同，网络经济时代商业模式运行机制是从需求端视角建立的。所以运行机制有效性均与消费者偏好的满足程度有关。文章在第4、5、6章对价值创造机制、隔离机制和治理机制的形成和作用机理分别进行了讨论。

第四，在传统租金理论的基础上拓展并修正了经济租金的内涵外延，提出并详细讨论了网络经济特有的经济租金——连接红利。与以往通过资源和能力带来的李嘉图租金和彭罗斯租金，以及来自创新的熊彼特租金不同的是，连接红利的异质性来自于消费者偏好，它是网络经济特有的租金形式。文章在4.2节对连接红利的来源与形成进行了讨论。

## 1.6.2 不足

第一,由于本文研究的课题尚属于前沿式研究,并且涉及的内容对于很多企业尚不具备,短时间内获取大量数据样本存在困难。文章在理论研究和案例分析的基础上提出了网络经济商业模式的理论模型,虽然构建过程中利用多案例对比研究进行了严格的推理,但还需要通过实践和利用数据进一步更深入地检验,这也是本课题下一步深入研究的重点。

第二、商业模式是一个动态的概念,即使理论模型也是如此,随着时间的推移知识边界或维度都可能发生改变,因此需要在数据分析和实践检验的基础上,对于商业模式理论模型的演进趋势作进一步的探讨。

以上两点不足都是本文作者对本文的初步认识观点,具有一定的局限性,可能随着研究深入还可能会有新的补充。

# 第 2 章 理论综述

## 2.1 商业模式

### 2.1.1 商业模式的综合概述

#### 2.1.1.1 商业模式的概念

商业模式至今仍缺乏统一的认识，这是由于目前对商业模式的概念界定与其发展需要还存在很大差距（Klang 等，2014）。更为重要的是商业模式是一个大伞构念（umbrella construct），涉及多个行业的各个方面，涉及的内容非常广泛，可用于包含及解释多方面不同现象的宽泛构念，所以在很长的一段时期内商业模式都很难被准确的定义出来。其实有些学者很早就意识到了这个问题，Magretta（2002）在《商业模式的缘由》的一文中对商业模式概念的重要性有了更直接的提醒。她谈到："我们首先要明确组织的商业模式究竟是什么，否则概念的模糊和混淆会导致其实用性大打折扣。"然而 2009 年埃森哲公司就"什么是公司创造价值及获取价值的核心逻辑"的问题向全美 40 多家企业的 70 多位高管访谈时，他们几乎都提到了商业模式，但当深入讨论时，埃森哲公司发现实业界对于商业模式的理解都是模糊的，有过半的受访者很难描述清楚商业模式。而学术界，由于缺乏理论共识，商业模式的定义也是五花八门。对于这些 Porter 就直言不讳的指出商业模式的定义是模糊的，有些定义甚至存在着严重"缺陷"。为此 Christoph Zott 等 2011 年在对 SSCI

顶级期刊和哈佛商业评论等前沿刊物上挑选的 103 篇与商业模式有关的重要综述进行分析的时候，惊讶的发现，有超过三分之一（37%）的根本没有定义，并采纳商业模式的内涵时有多有少。因此，本文回顾了商业模式在相关文献中的定义。这些解释也是各有侧重的，通过梳理，认为当前这些定义主要侧重商业模式以下的几个方面：

第一，动态是商业模式的常态表现形式。在学者看来，当商业模式概念化后，它意味着一个动态系统并且这个动态系统是能够决定企业跨边界互动的内容、管理和建设。而这样的商业模式是非常值得分析的个体。这个概念化是有天生的吸引力，因为它知道不仅仅是商业中社会互动的关联，还有企业与它的商业环境之间的相互独立。Yip（2004）认为商业模式是企业某一时点的表现和定位，它会随着企业的发展需求发生变革。而 Amit and Zott（2007）认为正是由于商业模式的动态性促使企业融入瞬息万变的商业环境，确保企业的发展。这种动态性的适应能力具体表现在商业模式的创新力上。企业通过根据客户的价值主张，创新商业模式，调整自己的商业逻辑。正因为此，商业模式被看作企业预测创新和评价商业逻辑的工具，用于现存组织和新创企业，特别是在 IT 产业和数字产业。毫无疑问这种创新力对于企业的发展是有积极的促进作用的。Gary Hamel 在《创新是一种能力》中（2003）指出要多用创新的眼光去看待商业模式的改进。新的价值来自于破坏性创造，其中不仅仅科技，还包括商业模式。

第二，商业模式体现企业的商业逻辑，不仅告诉企业应该做什么，还告诉了企业不应该做什么，如何根据企业需求提供价值主张，给予什么样的客户体验，如何让竞争对手无法模仿取代。通俗地讲，商业模式是解释企业如何工作的故事。Magretta 就认为好的商业模式必须能清晰描述以下几个方面：服务对象、顾客需求、企业盈利模式以及背后的经济逻辑。Chesbrough 与 Rosenbloom 看来商业模式是将技术潜力与经济价值实现联系在一起的启发式逻辑。在他们看来，从商业逻辑的领域来看，商业模式是公司运作的基本秩序，合理分配资源、对抗竞争者和为客户创造更大的价值，获取利润。在这之后 Osterwalder（2009）继承并深化了这个观点，他认为商业模式涉及的是价值创造的逻辑和商业资源的有效协调，而且他认为应该重视在信息和沟通技术（Information Communication Technology）下商业模式的描述和安排能力，在他看来，商业模式用来模仿和强化设计的商业逻辑，还可以帮助提升企业战略联盟的决策水平。但商业逻辑是十分复杂的，而商业逻辑的复杂性也反映在商业模式当中。Al-Debei 和 Avison 把商业模式看作组织的抽象的表现形式，其中包括了企业所有的产品和服务类型，还有构架、合作和发展规划与预期。基于上面这些考虑，要实现其发展目标"。针对于这些繁杂的内容，学者们普遍分为商业框架和运行机制。Timmers（1998，2010）则把商业模式看作对行为人角色、相关潜在利益和收入来源的描述。Afuah（2003）认为商业模式是企业在不伤害客户价值的前提下，根据现有资源进行的所有活动。罗珉（2015）从整体论的角度去理解商业模式，在他看来商业模式代表着各部分组成的静态整体构架和动态循环。商业模式要让员工在企业的宏观计划下准确接收到自己的工作安排并积极行动配合，就必须有合适的结构和相应的机制确保运行。本文也同样秉持了类似的观点，一方面商业逻辑中包含了企业的商业运行框架，即静态商业模式的各个组成部分，另一方面商业逻辑中包含了企业的商业运行机制，即动态商业模式的运行机理。这两部分是商业模式体现在商业逻辑中的主要内容。

商业模式给企业发展提供价值创造的手段，企业通过组合商业模式形成各自的经营决策。而这些决策是企业应对动态环境的重要工具，直接针对特定的目标。所以商业模式指代的商业逻辑本身并不能简单代表企业运作方式。

第三，商业模式的根本在于实现价值和盈利。价值是企业商业活动的导向，离开价值，商业模式也就失去了依归。Rappa（2004）认为商业模式是企业的盈利模式，更是生存模式。从商业模式的盈利能力就能看出这个商业模式的源动力是否强大。商业模式对于企业自身及各利益相关方而言至关重要。在《互联网商业模式与战略：理论和案例》一书中，Afuah 和 Tucci 明确提出商业模式是公司为各利益相关方创造价值的重要来源。Chesbrough（2003）在比较商业模式与战略之间的区别就指出：与强调构建可持续的竞争优势的战略相比，商业模式强调的是通过创新实现价值，它更有可能影响企业或股东的价值。

对于商业模式实现价值的具体内容，很多的学者从价值与盈利的角度给出过自己的看法。其中的核心内容包括价值创造和价值获取,龚丽敏等认为,资源和能力投入是企业商业模式的两个维度,价值创造和价值获取都需要通过打造价值链和外部网络来实现。Alexander Osterwalder 和 Yves Pigneur 认为商业模式是企业价值创造、价值传递和价值获取的基本原理,而商业模式的变革也是以这个核心内容为纲而进行演变。当一个商业模式无法执行有效的价值活动的时候,就会被企业抛弃,转而被新的商业模式所取代。而无法保证价值获取势必影响企业进一步的发展。

本文认为,商业模式是以盈利和实现价值为目的商业活动背后的逻辑,其中包括了价值创造、价值分配、价值传递和价值获取。由于商业模式是社会互动的维系,当这一观点进一步推广,商业模式还能转化为经济学内涵,考虑企业在社会中的角色和企业对于整个商业生态的福利贡献。

## 2.1.1.2 动态性、商业逻辑和实现价值之间的联系

动态性、商业逻辑和实现价值是学者们对商业模式定义的三个侧重点。而它们之间相互联系,动态性、商业逻辑又是实现价值的原因。一方面,商业模式的动态性主要体现为商业模式创新,而商业模式创新促使企业能够适应环境创造更多价值。另一方面,商业逻辑是实现价值的载体,包含了实现价值的方法和步骤。所以商业模式也被认为是一项能有稳定收益的业务所涉及到各方面内容的总体脉络(Thomas,2010)。

## 2.1.1.3 定义

从上文分析得出,商业模式表达的商业逻辑是为实现价值服务的,盈利是商业模式创新的主要原因。总之,商业模式是一个以价值实现为基础,盈利为目的,具有动态性的构念,所以在任何一个时间点它具有特定的理论模型和运行机制。

在互联网时代,企业已经从以资源为基础实现价值转向专注消费者来实现价值。毫无疑问,这样能"把饼做大",这些价值会被价值系统的所有企业所获取,但是其中有多少被企业获得,有多少被终端用户分得,我们不得而知。这是由于随

着专注点的不同，边界的划分规则已经发生了彻底的改变，企业凭借专用性资源所获取的行业边界在消费者导向面前变得十分脆弱，企业追随着特定消费群体的偏好来变革。就如《经济学家》在 2012 年介绍 Apple、Amazon、Facebook、Google 和微软在消费者网络这个新领域中竞争，"曾经界定领域非常清晰的边界变得模糊"。这就是因为他们的消费者偏好有重叠，也正因为此，苹果和谷歌即使发家于硬件公司和搜索公司两个不同的行业，依然不妨碍他们成为激烈的竞争对手。为了实现跨界，企业之间的关系变得更为微妙，竞合无处不在，Facebook 与 Netflix、Spotify 结盟并引进图片搜索来挑战谷歌。微软透过 Nokia 进入硬件市场。这些动态的互动激发了顾客那种想表达的预期或潜在的需求，这些在很多行业都已司空见惯了。而这些都是需求侧主导所带来的。

工业经济时代以资源为主的商业模式通常在价值体系中观察企业内部和上游，专注于要素市场，为私人企业带来可以预期的价值获取。所以 Chesbrough 等学者在 2003 年时认为商业模式最关键的是价值创造。而相对应的，网络经济环境下以需求为主的战略通常考虑焦点企业外部和下游，针对产品市场和消费者，来预测管理决策，从而实现价值创造。需求方面的研究关注的是一个价值系统或企业价值创造（Priem，2007），而不是企业的价值获取（Makadok & Coff，2002）又或企业价值的增加（Brandenburger & Stuart，1996），其中每个部分取决于成本和相对的议价能力，以及为消费者所创造的价值。而对于企业而言以往依赖资源与能力来获取价值的方式正在过时，资源的稀缺性对于消费者偏好的影响并不大。获取多少价值影响着下一轮价值创造的动力。与以往通过竞争获取更大份额价值的方式不同的是网络经济企业扩大收益是通过合作创造更多价值（Gulati & Wang，2002）。这其中包括企业可以将顾客拉入价值创造中来，从而为企业所在的价值体系增加交换价值（报酬）或给予更多的消费者剩余（Bowman & Ambrosini）。正是由于诸多方面的变化，学术界对于网络经济商业模式的探讨是意义深远、不可或缺的。毫无疑问，以往强调价值创造的商业模式并不是足够的。

## 2.1.2 网络经济商业模式的类型

商业模式作为具有动态性的概念衍生出过许多类型，仅网络经济时代的商业模式就有不少种类,分类的方式更是五花八门,同时商业模式还因应用角度的不同、载体的变化等催生其新类型。加上互联网技术的飞速发展,转眼间以个人电脑为主的 web1.0 时代已为以移动互联网为主的 web2.0 时代所取代,在社会信息的碎片化、顾客导向和大数据推动下,商业模式创新随之而来的是各种商业模式层出不穷,为此学术界做了不少的努力试图穷尽商业模式的类型。

## 2.1.2.1 互联网时代初期的商业模式分类

1998 年 Paul Timmers 第一个提出了商业模式的分类,Paul Timmers 依据职能整合和创新程度把商业模式划分类型。尽管这种分类的划分标准针对性并不强,但是人们从 Paul Timmers 职能整合和创新程度的商业模式分类划分标准的结合空白处找到了商业模式创新的新思路。

同样在 1998 年 Paul Bambury 提出了依据仿真程度来对互联网时代商业模式类型进行分类的新思路。Paul Bambury 认为互联网商业模式可以总体上分为移植真实世界的商业模式(Transplanted Real-World Business Models,简称移植模式)和互联网与生俱来的商业模式(Native Internet Business Models,简称禀赋模式)两大类。并在此两大类的基础上提出了诸多小的分类。例如:在 Transplanted Real-World Business Models 即移植模式的基础上提出了:邮购模式、广告模式、注册模式、免费试用模式、直销模式、不动产模式、激励销售模式、B2B 模式、混合模式等小的分类。在 Native Internet Business Models,即禀赋模式的基础上提出了:图书馆模式、免费软件模式、数字产品与数字交付模式、供应模式站点集合以及其它模式等小的分类。这种通过仿真程度或其它某一特征的分类方式来对互联网时代商业模式类型进行分类的方法,虽然可以促使人们对商业模式的某一特征产生很深刻的认识,但是由于这种分类的视角狭小,存在以偏概全的可能,并不利于人们的研究和创新实践。

虽然 Paul Timmers 和 Paul Bambury 对网络经济商业模式的分类思路,现在看来还存在一些不足,但是对网络经济商业模式的分类研究起到了较好的启发和引导作用,随后很多学者在此基础上提出了自己的补充。例如:1999 年 Viehland 提出了虚拟零售商、分散店面与买家定价模式这三种新的商业模式。2000年Crystal Dreisbach和Staff Writer基于交易主体提出了以产品、服务和信息作为交易主体的不同进行商业模式分类。2001年，Devine与Holmqvist提出了互联网时代的六种不同类型的商业模式即：

（1）用户收费的商业模式（User Fee Business Models），在该类模型中，用户在使用互联网的内容时支付订阅费或使用费。其主要参与者包括网络运营商、用户和作为中介处理金融方面的第三方当事人。

（2）购物的商业模式（Shopping Business Models），用户通过在线支付购物或信用卡网上购物属于这一类。购物的商业模式的主要参与者为提供商和用户。

（3）营销的商业模式（Marketing Business Models），在这个模型中，内容供应商通过APP应用程序作为营销媒介向用户宣传他们的核心业务项目。内容供应商和客户是营销商业模式的主要参与者。

（4）提高效率的业务模式（Improved Efficiency Business Models），在提高效率的商业模式，内容提供商的目的是通过使用移动互联网降低与客户互动的成本。而且如果客户通过其他方式与内容提供商进行交互，成本可能会更高。

（5）广告的商业模式（Advertising Business Models）在广告的商业模式，用户、内容提供商和广告公司发挥核心作用。内容提供商允许其他公司在其内容上做广告来使用户知道。

（6）收入分享的商业模式（Revenue Business Models）。收入分享商业模式涉及与其他公司的合作协议，以及向用户提供内容和所产生的收入是共享的。

Devine与Holmqvist提出的互联网时代六种不同类型的商业模式，非常适合于不同的商业模式进行分类。很多学者在这个分类的基础上进行了深入研究，并提出了一些具有前瞻性的观点。2004年Buellingen与Woerter通过对广告的商业模式的研究预示了跨界营销的推广，他们得出随着需求和技术创新的增加，网络供应商的当前价值流将减少。如果通过在运营商把关下的广告将收入基础延伸到其他领域，将导致更好的结果。2009年Shankar与Balasubramanian在研究基于市场的商业模式时则提出应给予客户选择广告的权利。他们认为了解客户行为是非常重要的。

2006年台湾国立高雄大学的郭英峰教授等人在基于收入的商业模式对3G的破坏式创新进行研究时，提出创造价值就必须提供新的服务，移动网络运营商（MNO）未来应该致力于以服务为主，而不是技术。这些多年前的研究与网络经济时代——需求端导向、顾客体验、跨界经营不谋而合，为日后的研究指明了方向，即使今日这些研究也具有一定的借鉴意义。

### 2.1.2.2 移动互联网时代的商业模式类型

随着移动通信设备的普及，信息传输的便捷、快速加速了传统的垄断经营模式的边缘化，去中心化、社会信息的碎片化、顾客导向催生了移动互联网时代商业模式的新类型。

Alexander Osterwalder 和 Yves Pigneur 在《商业模式新生代》中将商业模式分成客户细分、价值主张、渠道通路、客户关系、收入来源、核心资源、关键业务、重要合作和成本结构9个模块，并据此提出了非绑定式、长尾式、多边平台式、免费式和开放式等五种商业模式，并将它们视作移动互联网商业模式的原型。这五种商业模式之间并没有重叠，且都来自上述9个模块，但它们的内容和程度是不一样的。

移动互联网时代，从传统的运营商为重点的价值链的商业模式正在发生转变，基于消费者的价值网的商业模型已日渐成熟。价值网的概念是由 Bovet 和 Martha、Kirk Kramer 在2000年首次提出，其主要特点是关注客户并协调价值网中的不同参与者，对环境的变化敏感而且能快速反应和网络化，所以比起传统的供应链模型它更适合于虚拟环境，尤其是在因为技术创新产生效果不确定甚至可能造成破坏的情况下。与以往的商业模式不同，价值网商业模式特别强调客户的重要性，它被定义为是基于客户的模型，被客户的需求驱动。其实顾客的重要性早已不言而喻，顾客是企业实现价值创造的关键，企业之所以重视价值主张就是为了锁定客户，所以提升服务，强化客户体验是重中之重。Unni 与 Harmon 早在2003年就提出网络供应商和服务供应商应该重点放在提升服务水平上，那能引起公众更大的兴趣。2007年华南理工大学吴应良教授在通过研究发现在一个不断变化的环境中，一个以客户为基础的价值网的商业模式通过行业的不同功能的整合可以帮助企业实现目标。例如：C2B 模式和 O2O 模式都是以顾客为出发点，顾客根据自己的需求发出信息，厂商根据顾客需求来提供产品完成交易。综上可见价值网是基于客户的模型。北京邮电大学曾剑秋在 2009 年指出为了应对消费者异质性需求和顾客导向，服务提供者的能力是与他人竞争的一个关键因素，这种能力是必须提高的。正因为此，与顾客密切相关的价值网的核心是认识到消费者的需求并整合一切资源去满足它。因为顾客的这种需求正是价值的来源。那么，企业如何去选择满足消费者偏好的商业模式，为全体利益相关者创造价值，帮助他们去适应在不断变化的环境，对企业来说是至关重要的。价值网的方法极大的满足这些要求。当然最理想的情况是使用商业模式组合，但它取决于市场规模，监管的做法和竞争对手的数量。

移动互联网时代电子商务的发展如火如荼，但直至目前没有移动电子商务的标准商业模式，但在未来结合不同的商业模式是有可能的。金永生 2015 年提出了"互联网＋"商业模型，分为工具＋社群＋电商、长尾型、跨界、免费、O2O 及平台型等商业模式。表面上看"互联网＋"商业模式在分类上与 Alexander Osterwalder 和 Yves Pigneur 有相似之处，但"互联网＋"商业模型是基于消费主导和双向交流的视角提出的，在分类中更强调移动互联网中的消费趋势和未来走向。

### 2.1.2.3 总结

综上所述，这种对于商业模式类型的归纳方式能够促使学者很快了解商业模式发展的大致全景。但是无论是初期互联网时代还是移动互联网时代，商业模式的创新都没停止过，商业模式的类型也随之增多，繁多的商业模式类型让企业家或学者的创新实践和深入研究无所适从，很有必要通过理论研究和案例分析从如此繁多的商业模式中提炼出具有一般性、和广泛适用性的网络经济商业模式理论模型。

## 2.1.3 网络经济商业模式形成的驱动力

商业模式的创新是企业在原商业模式的基础上发展、删减、巩固到一定程度下自然发生的（Siggelkow，2002）。所以任何一种商业模式都不是凭空出现的，都有内在和外在的驱动力。而网络经济商业模式的形成自然也是由相应的驱动力推动的。

在阿里研究院主办的"2016新经济智库大会"上，曾鸣提出了网络经济商业模式面临的三大挑战：一是网络经济下组织的创新如何实现；二是推动新经济市场的动力机制是什么；三是如何实现平台治理。在本文看来，第一个网络经济下组织的创新只能通过开放式创新来实现；第二个推动新经济市场的动力机制则是创新驱动、科技进步和激励机制（报酬递增）；而第三个问题要在健全法律监督、完善制度管控、强化道德教育和加强消费者引导等基础上，通过供需合作价值共创来实现消费者价值推进平台治理。这些既是网络经济的特征也是驱动力，它们促进网络经济商业模式的形成和变革。

## 2.1.3.1 开放式创新

创新过程带来的创造性破坏一直是企业创造熊彼特租金的主要方式。除了商业流程，创新本身也是创造性破坏的对象，开放式创新正在颠覆以往的创新模式。开放式创新是Chesbrough于2003年提出的一种创新方式，它是与传统工业经济时代封闭式创新截然相反的创新范式。在封闭式创新范式下，企业创新往往聚焦于组织内部，即以往大企业成立独自的研发中心，通过自身的研发获取新产品和新技术，即使是与其他企业合作创新成果也往往局限于合作企业之间，很少与其他企业共享成果。而开放式创新获取创新资源不局限于内部资源，也利用外部的创意、知识和技术等资源。开放式创新强调内外创新资源的整合。开放式创新与封闭式创新的不同具体表现在以下四点：

首先，资源是封闭式创新的主要凭借，封闭式创新看重控制各种类型的异质性资源——专属性资源、区位资源、知识资源等，以及这些资源带来的竞争优势。而开放式创新则不然，它并不强调对资源的占有和控制，它追求的是对于创新资源的获取和配置。在这个过程中企业强调的是社会资本、市场网络、顾客关系等体系的优势。其次，开放式创新强调"顾客参与"。以往的封闭式创新往往局限于企业内部，顾客对于研发的项目参与很少。开放式创新不仅可以在企业内部进行，还可以在外部进行，嵌入到所有相关者的合作当中，其中不仅有供应商、销售商还有顾客。开放式创新中顾客是创新过程的参与者，顾客的技术与知识，甚至偏好，都在影响着创新的走势。再次，开放式创新与封闭式创新带来截然不同的企业成长方式。封闭式创新强调对创新的控制。所以创新的源头来自企业内部，价值创新和竞争优势也都是从企业内部获得，这种企业成长方式是企业内部成长。当封闭式创新企业需要获取外部的创新资源时，往往会通过吸纳、兼并或收购的方式来占有或控制创新资源，这种企业成长方式被叫做并购成长。并购成长在企业追求垂直一体化模式中非常多见。与之相反，开放式创新放弃了对于创新资源控制的一味追求，在全球一体化和信息技术高速发展的背景下，主张合作和分享资源，充分利用企业内外的资源实现创新获得增长，这种企业成长方式被称作基于网络化创新的企业成长（growth based network innovation）。在这种方式下成长的企业具有两个前所未有的优势。一方面，强化企业的市场反应，能够应对快速多变的超竞争环境。尤其是随着人才的流动性增强，一个企业已经很难拥有全部的技术人才。另一方面，能够完成许多单个企业无法完成的创新项目。很多项目需要大量的人财物的协作，企业并不能保证穷尽所有的需求，但通过协作，就能有无限的助力去完成它。例如维基百科的许多知识就是由用户去填补的。同时，提供帮助的企业也没有使自己的资源闲置，这是一个双赢的局面。最后，封闭式创新更多是前瞻性创新，很难预期市场和获利，而开放式创新则目的性更明确。Chesbrough 在一个近二十年的案例研究中发现，很多在工业经济时代以创新闻名全球的企业并未从它们的创新中获得相应收益，在控制大量创新并申请了数量庞大专利的同时，却由于自身的原因而促使很多创新停滞不前。很多企业为此付出了惨痛的代价，柯达为了研发数码相机，投入了数十亿美金，并于 1975 年开发出第一款数码相机。但是出于自身的另一款产品——胶卷的盈利需要，错过最佳的发展时期，最后被数码相机打败并破产。可见顾客的认知价值决定了企业的产品价值。企业在生产之前最重要的是知道顾客的需求。封闭式创新缺乏与顾客的交流，顾客对于创新并不了解，无法感知创新的价值。而开放式创新嵌入到所有相关者的合作当中，所有的创意、知识、技术都来源于外界,因此它更符合市场的需求。

超竞争环境既是开放式创新的背景,也是促使开放式创新发展的重要因素。变幻无常的经营环境是企业所要去面对的(Handy,1989)。竞争优势会在短时间内荡然无存,互联网时代超竞争(Hypercompetition)环境正在逐渐成为常态。从产业脉动加速(clockspeed amplification)的影响中能够发现这一特点(D'Aveni,1994)。产业脉动的加速度对于产业环境的变化有作用(Fine,1998)。从产业价值链的上、下游变化来看,越靠近产业链条上游的厂商,它对应的产业环境变动的速率就会越慢,而反之,若以目标客户的应用为主的生产商其变动的速率则会较快。在计算机产业中,这一现象体现的尤为明显,处在产业上游的硬件厂商,大概每隔1年半左右会有一次技术突破与产品变革。而对于处在产业下游的软件服务商来说,面对产品创新需求的变化几乎是每天的家常便饭。简而言之,企业面临的产业脉动存在着"屁股决定脑袋"的情况。在这种通常情况下,产业脉动速度加快在新经济产业中普遍存在。在产业脉动越高的产业,其价格/绩效比的下降速度就会越快,产品开发前期所需的时间大大缩短是其明显特征(Mendelson and Pillai,1998)。企业只有不断寻找新的竞争优势才是生存的唯一出路。"当年的微软公司如果在MS-DOS系统取得成功后孤芳自赏,故步自封,相信微软公司的发展也将不会有达到今天的行业霸主地位。"理查德·达韦尼(D'Aveni,2004)指出,现代的企业的经营环境与过去相比已经发生了翻天覆地的变化。在超竞争环境中,企业当前拥有的竞争优势很可能稍纵即逝。无论是成本领先,差异化抑或是财力雄厚,在超竞争环境下,企业经营所面临的挑战来自于内、外部环境的各个层面,这不仅包括内部资源活动所创造的价值系统,还包括拓展至产业外部的价值网络。这一全新发展模式,一改过去企业传统的闭门造车式的成长方式为集思广益。在过去,企业的战略理念是把其他企业视为竞争对手,而现在已转化为,充分利用合作伙伴的各项资源、市场网络、战略行为,相互之间密切合作,以实现共同发展,造就双赢。

开放式创新促进了跨界。在开放式创新的理念下,研究的成果往往超过了企业边界,甚至超越了行业的边界。尤其是复合型人才的流动,对于行业的扰动尤为明显。布赖恩·伯勒(Bryan Burrough,1990)曾经把行业壁垒外的进入者称为门口的野蛮人。随着开放式创新被越来越多的企业采纳并实施,企业在发展过程中打破行业壁垒的成本就越低,不经意间就成为闯入其他行业的野蛮人。

## 2.1.3.2 报酬递增

工业经济时代的规模经济下企业收益主要呈报酬递减规律。报酬递减规律指企业规模扩大导致生产效率降低,边际收益递减。例如90年代,日本的很多企业都出现过报酬递减,企业运营成本上升。但网络经济的强网络效应和高转换成本的作用使得后来者很难通过同样的模式取得成功,规模的增大带来却是报酬递增,也就是赢家通吃(Winner take most)。报酬递增也是知识产品的一种趋势,它构成领导者的领先优势,使输家更落后。换言之,报酬递增将加强成功一方的实力,并且获取比输入更多的规模收益。另一方面,输家将有更多的损失直到赢家获得最多的市场。可以说,报酬递增是网络经济下市场的动力机制,报酬递增推动了商业模式的变革。

对于报酬递增的理解,杨格(Allyn A. Young)有很深刻的认识。他从相互需求的角度来看,就是一种产品少量的增加会带来相关其他交换产品的数量增加。但是与早期"对于报酬递增的产生来自于垄断"不同,杨格在他的 *Increasing returns and economic progress* 一文中提到了两个方面可以实现报酬递增——分工和增加新要素,其中新要素包括资源、技术、科学知识等。两者并不是相互独立的,他们之间存在着互相影响,佛罗里达大学的教授唐尼和卡能(Doney and Cannon)就在1997年提到,随着社会分工,企业间接触范围变广、频率加快,就需要应用跨组织信息系统(EDI或IOIS)这种新技术来支持企业间的互动。这两个实现报酬递增方法造成了两种截然不同的增长方式,分别是分工带来的生产率提高的斯密增长和创新带来的熊彼特增长。

西奥多·舒尔茨(1993)在《报酬递增的源泉》一书中基于杨格的思想,把报酬递增的源泉进行了细化,归纳为以下要素,分别是劳动分工、技术进步、专业化、培训与教育、人力资本的累积、边干边学(干中学)、获得知识、知识外溢、经济思想、经济制度。具体分类如下表:

表 2-1 报酬递增的来源

| 报酬递增的来源 | 分工 | 新要素加强报酬递增 |
|---|---|---|
| | 劳动分工、技术进步、专业化 | 培训与教育、人力资本的累积、边干边学（干中学）、获得知识、知识外溢、经济思想、经济制度 |

资料来源：作者总结

报酬递增促进了利益相关者之间的连接。随着互联网时代的到来，产业脉冲加速，技术更新周期缩短，形成了很多网络经济下特有的法则。首先就是摩尔法则——微芯片上集成晶体管的数目每 12 个月翻一倍，它是由英特尔公司创始人摩尔提出来的，随后被推广到几乎所有高科技行业，延伸为在相同价格下产品性能每 18 个月翻一倍。在此法则下，网络经济一方面产生了大量的新工种和加工环节，实现了斯密增长；另一方面，根据摩尔法则，网络技术的发展更新速度极快。创造了大量的知识并产生相当的知识溢出[①]。专业化分工与知识和技术的溢出效应正是规模报酬递增的主要因素。而与此同时，就如以诺贝尔经济学获得者 Keneth Arrow 等人为代表的"新增长理论"所说，报酬递增与学习之间是正反馈效应，"干中学"能够提高收益，还会引发技术上的创新，带来熊彼特增长。在这个赢者通吃的网络经济时代，容易造就企业在某一行业中占有大量份额。所以网络经济下企业容易实现报酬递增。很多学者或企业家也在网络经济的背景下提出了一系列报酬递增的法则。其中最著名的是梅特卡夫法则（Metcalfe's Law），即"网络中用户的平方等于网络的价值"。梅特卡夫法则认为当一个新用户的加入，会产生互惠、知识交换、知识溢出等一系列效应，而提升了网络的共同价值。梅特卡夫法则暗示着用户的规模与网络价值之间存在着一种自组织性的正反馈机制。所以在互联网时代用户的规模并不会成为边际收益提升的障碍。在报酬递增的作用下，与顾客之间的连接成为企业成长的重要动力。当规模超过一定的阈值，网络经济的增长不需要任何外力就可以自我实现。另一方面，这也与网络经济下交易成本大幅度下滑有关。亚瑟

---

[①] 知识具有两个特性，一是个人投资于人力资本能获得垄断租金，二是知识溢出效应的存在。

(W. Brian Arthur)认为这是由于在传统经济时代是少量知识凝结在资源上获得产品，而网络经济产品则是少量资源与必要知识的结晶。

### 2.1.3.3 需求侧主导

对于消费者的重视并不是在网络经济时代才开始的。德鲁克在很早就提出了创造客户，他反复强调创造客户是企业目标的唯一定义，也是企业的使命。因为顾客是组织提供的产品与服务的最终接受者和使用者。但是在工业经济时代，很多学者并没有给予这种消费者导向的商业模式的出现以足够的重视。相反的更多聚焦在基于生产者的资源基础观。在此过程中，顾客鲜有被当作组织间多元化决策的中心。Porter早在1985年的研究中就注意到营业单位间的潜在协同生产相互关系往往来自于企业专家的意见和营业单位而非消费者，大量的战略往往研究对象更多的是生产者而非消费者。

然而在网络经济时代，缺乏需求端视角会使人们失去了解很多经济行为的依据。例如苹果和谷歌即使发家于硬件公司和搜索公司两个不同的行业，依然不妨碍他们成为激烈的竞争对手。Facebook与Netflix、Spotify结盟并引进图片搜索来挑战谷歌。微软透过Nokia进入硬件市场。这些动态的互动激发了顾客那种想表达的预期或潜在的需求，这些在很多行业都已司空见惯了。这些都与需求端有密切的联系，他们都是通过消费者进入其他行业的。需求端的视角能解释额外的协同，以及那些不相关的多元化。学者们开始关注这个问题。Hambrick（2004）和Kraaijenbrink，Spender，Groen（2010）发现，从过去以供应端视角为主的战略研究来看，创新性发现的频率似乎减少。Kraaijenbrink等指出这个下降是由于过度狭隘的战略研究范围。很多企业在研究行业对手时会忽视"门外的野蛮人"，就是因为缺乏需求端视角。

（1）需求端视角

需求端视角回避了以前所专注的仅仅从资源获取租金，转而专注于面向消费者的企业战略，为终端用户创造价值。在价值体系中价值在被上游的企业获取之前必须先被顾客创造出来。当价值被创造出来后企业通过他们的管理者在交易环境以及公司资源投资组合下的谈判交换能力来获取价值。更有甚者，战略家们能提升他们企业的投资环境和资源以及他们在价值体系中相对其他企业的位置，这种投资环境和资源的提升已经成为交易成本，而价值体系中企业位置和资源基础观的焦点了。Gulati 和 Wang（2002）认为在企业获取价值的方法中包括在价值体系中创造更多的价值。这其中包括企业可以将顾客拉入价值创造中来，从而为企业所在的价值体系增加交换价值（报酬）或给予更多的消费者剩余。需求端（demand-side）研究所关注的从焦点企业到产品市场和消费者的下游，来解释和预测那些在价值体系中能增加价值创造的管理决策。需求端的学者普遍从消费者入手，经常通过"家庭生产"模型，来对一部分的喜好进行检验或预测，让消费者的多属性效用函数得到检验，从而识别新的机会来创造顾客价值。所以，需求端的措施可以是焦点企业通过要素来影响消费者所获得的。

除了聚焦消费者外，需求端的研究同资源基础观乃至其他管理研究流派的另一个差异是通过需求端的研究认识的消费者偏好的异质性，并将它作为等同于企业异质性的重要贡献。需求端的研究往往只重视消费者的需求偏好，但它是动态变化的，且经常表现为潜在的。Zara 创始人 Amancio Ortega 将消费者购买的商品比作鱼"新鲜的鱼，就如同崭新切割的、染着最前卫颜色的夹克，卖得快而且价格高。昨天的鱼就必须打折还不一定卖的完"。作为服装品牌，Zara 正是通过及时更新——2周，这比正常服装行业更新频率快了一倍还不止，给自己带来了高额回报的，而这都基于对于销售数据的分析，以及店面经理与顾客交流所得的反馈。

（2）需求端视角下的消费者协同

近年来，学术界也开始关注在战略决策制定过程中需求端的影响。Adner 和 Zemsky（2006）就展示研究了科技进步是如何影响消费者在多个电子产品供应商之间进行选择的。研究结果是在科技引领消费的同时，消费者口味的改变同样是公司在技术开发投资的影响因素。Priem（2007）以及 Tanriverdi 与 Lee（2008）研究在知识的发展可以促使减少学习使用相关产品所需时间，导致使用一个产品时消费者利益的增加。需求端的研究连接了焦点企业和中间买家、最终买家、消费者，阐述潜在机会是如何促使核心企业增加消费者效用的。当这种机会通过合作或者商业投资被应用（例如苹果投资 iPod 和 iTunes），这些决定就是具有战略意义的并引导以消费者为核心的战略实现价值创造。而这种价值创造的方式在需求端视角看来是消费者协同带来的效应。

消费者协同论断是相对于 Porter 的生产者协同而言的。Porter（1985）在定义在生产多元化下的生产者协同时说"意味着通过开拓企业参与价值活动的范围来扩展企业资产和技能的总和"。同样消费者协同即指通过产业间多元化的消费者协同，提供的消费者效用，创造更多的消费者价值。本文我们认为：所谓的产业间多元化的消费者协同，是指通过提供产品或服务综合体来增加由个人产品或服务提供的消费者效用，进而创造更多的消费者价值。Porter（1985）从生产者协同的角度认为，企业应该从相关多元化的适应性考虑更好的绩效，甚至在企业增长的花销。但从消费者协同的视角，多元化所带来的成长和绩效是由于与消费端之间协同效应带来的企业营收增加。因此，甚至在生产者端看似没有联系的产业间多元化中依然可以获得消费者协同。

消费者在评估权衡自己时间的价值和产品或服务提供的效用方面时，会对零售商的地理位置，以及混合产品/服务提供的深度和宽度都会影响顾客在购买心仪产品时所需忍受的购物时间和其他成本（例如旅游）进行综合考虑。这个涉及产品组合决策（product assortment decisions），也是产业间多元化的核心战略问题（Siggelkow 2003）。对于企业而言，专注于核心产品还是产品的多元化，这类战略层面的商业决定会导致巨额的沉没成本，从而影响企业的生存与竞争力。从需求端的角度来看，而消费者协同并不可一概而论，有两种消费者的协同方式去实现价值，其中包括消费者同步效应和消费者连续效应两种。

消费者同步效应是目前使用比较多的战略追求的。例如许多 O2O（线上与线下的合作模式）都提供的就是消费者同步效用。这种消费者同步效用还有很多例子，比如加油站超市，书店的咖啡铺吧，shopping mall 的溜冰场，汽车生产商提供的金融服务等等。这些从供应端视角来看这些结合带来的协同效果是很弱的，但是从需求端来观察协同效应无比明显，这种协同使得消费者在完成 A 事件的同时只需要很小的付出就能同时完成 B 事件——一件符合多数从事 A 事件人偏好的事情，这是增加消费者效用的。

消费者连续效用（sequential consumer utility）和消费者同步效用（simultaneous consumer utility）是有着明显不同的。例如由于 shopping mall 有足够的产品，消费者通过连续的购买可以降低时间消耗，从而获得收益。而在网上购物往往被认为是同步的，因为消费的搜索和购买在同一段时间内。但真正的同步效用是消费者同时做两个件事情。这比较容易发生在加油时去便利店买食物，又或喝咖啡时买书，充分利用等待时间。本文我们更关注消费者同步效用，因为它更与战略层次的产业间多元化相关更密切。

（3）需求端视角下形成的隔离机制

针对需求端的战略形成能力基础之外的隔离机制。近期需求端的研究有许多仅仅从资源角度来看违反自觉的发现。在 Adner 和 Snow（2010）以及叶光亮与 Priem 等人（2012）的研究中表明，根据顾客差异性决定的策略往往使企业在顾客细分的情况下有突出表现，即使企业仅仅拥有已被大家认同，很普遍的资源。另外，这种优势可以在不以资源或能力为屏障的基础下持续，这种通过顾客自发选择而自我屏蔽其他选择的人为屏障——就是基于客户意愿的隔离机制。

对于基于客户意愿的隔离机制的研究认为是由于诸多因素诸如文化的驱动作用限制了行为（Jonsson & Regnér, 2009），又或对盈利能力的期望或产品冲突（北大光华管理学院王建国教授把它称为产品互杀，product cannibalization）；还有就是更具吸引力的替代机会的存在，一些有优势资源公司可能选择不进入某一特定市场。因此，没有理由可以证明即使缺乏资源基础或者能力基础的门槛，一个拥有优势资源的企业一定进入某个由劣势资源企业操盘的市场。

## 2.1.3.4 科学技术

毫无疑问，网络经济的特有驱动力——开放式创新、报酬递增和需求端导向是网络经济商业模式形成的必要条件。但还有一个驱动力不可以忽视，那就是科学技术，尤其是网络技术的快速发展是网络经济商业模式变革的主要动力。由于网络经济的特征在前文中已经提到，本文在这里重点研究科学技术这一驱动力对网络经济商业模式的影响。20世纪50年代索洛（Solow，1956）开创的新古典增长理论（Neoclassical Growth Theory）为经济增长机制创造了理论依据，更重要的是，他提出的藏匿在资本和劳动身后的技术进步是推动经济长期稳定增长的源泉。在高速发展且无处不在的数字技术驱动下，今天的企业生存在高度动态的经济企业环境中。一种驱动力就是数字技术正在影响着以往非数字化的产品，如手表、家电和自行车，甚至是穿戴产品，改变着产品和服务的本质，并最终实现商业模式的变革。当科技嵌入在先前非数字的产品后，数字技术改变了产品和服务的本质。这一改变给这些数字化产品带来了新的商业模式。私人家居的数字恒温器 Nest 就是这种现象下的一个案例，它改变了行业的市场逻辑和发展趋势。通过感应器和互联网，用户可以通过一个移动 APP 来控制 Nest 恒温器且随时被跟踪能源的使用情况。这些特征的组合开拓新生态系统的服务方式和商业模式，产生了无数的机会和合作的可能性。譬如能源公司可以通过 Nest 对在使用能源高峰期关闭恒温器或调制节能状态的用户进行奖励，以调节城市能源使用情况。从某种意义上来看，Nest 就如同一个平台，促使各种伙伴共同创造和使用有价值的服务。

科技能够改变商业模式与它加速产业周期及提升信息的价值是密不可分的。一方面，科技加快了产业脉冲，缩短了产品的生命周期。随着互联网的发展，摩尔定律从解读晶体管被推广并适用于大部分的高科技产品，并且在性能提升的同时，价格也呈现明显的同期下降的表现。摩尔定律下同时产品的生命周期被极大大的缩短了。对于企业而言也并非仅仅是被动的接受，环境的不确定性和变化被动的接受必然会导致灭亡，所以企业要也会主动求变。达维多就提出主动率先淘汰自己老产品是企业保持主导地位的不二法则。达维多法则促使企业不再是被动的接受超竞争环境，而是主动参与创造超竞争环境，成为高速发展环境的助力。这也促进使了网络经济下强者愈强的马太效应。

另一方面，信息的价值得到重视。互联网的最大变化是信息流动加快，从以前的停滞变成了以纳秒为计量单位的流动速度。信息流作为商业的重要组成部分，在与工业经济时期信息流通不通畅有关，很多时候的容易出现信息不对称，并且这成为一些企业盈利的方式之一。信息在便于获取和流速加快的同时，随着互联网和大数据的出现，信息的价值越来越为人们重视。这激发了用户获取信息的动力，加快了信息的流速。而信息状态的变化影响着三个方面。首先就是信息不对称的打破，原来作为交易结构黑箱的价值链中所包含的信息变得不再神秘，这促使企业的盈利模式发生改变，以往通过信息不对称获取价值的部门开始寻找新的盈利点。其次由于信息对称了，消费者可以更加准确的做出消费选择，这就要求企业的产品更加符合消费者的需求，无形中增加了顾客体验的重要性。再次就是很多商业环节随着信息流的变化而发生了改变。如广告营销方式中自媒体的活跃，就是因为信息的获取渠道增加了，相较于传统媒体营销，当今的消费者更容易跟随自媒体。在此前提下，Richard Brandt 就提出的了雅虎法则，在这里面提到阐明了资金与信息价值和资本流入之间的关系。在雅虎法则下，一个拥有网络企业只要有足够的信息和数据的企业，同样是具有价值的。雅虎该法则暗示着在网络经济中，信息资产也是衡量财富的重要指标。正是由于网络技术的发展，使得信息交流的边际成本接近于零。根据米尔格兰姆的六度分隔理论，任何两个人相识中间隔着不超过六个人。在网络经济下沟通成本趋近于零，所以以数量占优的弱联系比以质量占优的强联系更适用于互联网时代，这就造成了弱关系的价值上升。信息价值使得企业的区域或资源带来的优势被弱化，全球化趋势明显。在信息分享的过程中，信任、互惠成为维持弱联系的核心要素，约束机会主义行为成为重要课题。正因为此，网络经济下，社会资本逐渐取代市场资本成为最重要的资源。

科学技术是网络经济商业模式乃至任何商业模式形成的内在驱动力，但它并非不受外界环境的影响，一切科技的推广都是迎合了价值的需求，随着边际价值的不断减少，企业将大量的应用新科技取代旧科技。随着科学技术的不断进步，必然会引起商业模式变化，促进企业形成与科技进步相互匹配的商业模式。

## 2.2 商业模式维度的文献综述

在互联网时代企业创新出无数商业模式类型后，许多学者和企业家更需要从中挖掘出在网络经济下具有一般性和借鉴意义的理论模型。而理论模型中需要考虑两个方面——商业模式的维度和运行机制。

商业模式是一个非常全面的话题，涉及多个行业的各个方面。关于哪些是商业模式的组成要素也是一个有争议的话题。就如同没有共同接受的定义一样，如何界定一个商业模式是好的商业模式也是非常具有难度的事情，多种多样的理解和构成要素本质构成了不同的商业模式。商业模式被看作是架构，设计，模式，计划，方法的假设和声明。

表 2-2 部分学者商业模式维度构成要素表

| 来源 | 构成因素 |
| --- | --- |
| Horowitz（1996） | 价格、产品、分销、组织特征、技术 |
| Viscio et al.（1996） | 全球核心、管制、业务单位、服务、连接 |
| Timmers（1998） | 产品/服务/信息流结构、参与主体利益、收入来源 |
| Markides（1999） | 产品创新、顾客关系、基础设施管理、财务 |
| Donath（1999） | 顾客理解、市场战术、公司管理、内部网络化能力、外部网络化能力 |
| Chesbrough et al.（2000） | 价值主张、目标市场、内部价值链结构、成本结构和利润模式、价值网络、竞争战略 |
| Gordijn et al.（2001） | 参与主体、价值目标、价值端口、价值创造、价值界面、价值交换、目标顾客 |
| Linder et al.（2001） | 定价模式、收入模式、渠道模式、商业流程模式、基于互联网的商业关系、组织形式、价值主张 |
| Hamel（2000） | 核心战略、战略资源、价值网、顾客界面 |
| Petrovic et al.（2001） | 价值模式、资源模式、生产模式、顾客关系模式、收入模式、资产模式、市场模式 |
| Dubosson-Torbay et al.（2001） | 产品、顾客关系、伙伴基础与网络、财务 |

续表

| 来源 | 构成因素 |
|---|---|
| Weill et al.（2001） | 战略目标、价值主张、收入来源、成功因素、渠道、核心能力、目标顾客、IT技术设施 |
| Applegate（2001） | 概念、能力、价值 |
| Amit et al.（2001） | 交易内容、交易结构、交易治理 |
| Alt et al.（2001） | 使命、结构、流程、收入、法律义务、技术 |
| Rayport et al.（2001） | 价值流、市场空间提供物、资源系统、财务模式 |
| Afuah et al.（2001） | 顾客价值、范围、价格、收入、相关行为、实施能力、持续力 |
| Betz（2002） | 资源、销售、利润、资产 |
| Stähler（2002） | 价值主张、产品/服务、价值体系、收入模式 |
| Forzi et al.（2002） | 产品设计、收入模式、产出模式、市场模式、财务模式、网络和信息模式 |
| Gartner（2003） | 市场提供物、能力、核心技术投资、概要 |
| Osterwalder et al.（2005） | 产品（价值主张）、客户界面（分销渠道、目标顾客、顾客关系）、基础设施管理（核心能力、价值结构、伙伴网络）和财务状况（收入模式、成本结构） |
| Magretta（2002） | 精确描绘的角色、合理的动机及开启内在价值的计划 |
| Timmers（1998） | 产品、服务或信息流的体系结构，包括不同商业角色及其作用；不同商业角色潜在利益；收入来源 |
| Johnson and Christensen | 顾客价值主张、盈利模式、关键资源和关键流程 |
| Demil and Lecocq（2010） | RCOV模型：资源与能力组合、价值网或企业边界内的业务组织架构、通过提供产品和服务所表达的价值主张 |
| Itami and Nishino | 盈利模式、业务系统 |

续表

| 来源 | 构成因素 |
|---|---|
| Morris et al. (2005) | 价值主张、客户、内部流程/能力、外部定位、经济模型和个人/投资者 |
| Shafer (2005) | 战略选择、价值网络、价值创造和价值获取 |
| Viscio and Patemack (1996) | (1) 核心观点：自我定位、战略领导、核心能力、控制目标、资本使命；(2) 经营单元。(3) 服务项目；(4) 治理模式；(5) 系统联系 |
| Venkatraman and Henderson (1998) | (1) 顾客界面；(2) 资源配置；(3) 知识运用 |
| Stahler (2002) | (1) 价值主张；(2) 产品与服务；(3) 价值结构：市场设计、内部价值创造流程和外部价值创造流程；(4) 收益模式 |
| Viseio 和 Patemark | 核心观点、经营单元、治理模式、服务项目与系统联系 |
| Hamel (2000) | (1) 核心战略：经营使命、产品及市场范围和差异化基础；(2) 战略性资源：核心能力、战略性资产和核心流程；(3) 顾客界面：履行与支持、信息与洞察力、关系动态和价格结构；(4) 价值网络：供货商、合伙人和联盟 |
| 翁君奕 | 价值对象、价值内容、价值提交和价值回收 |
| 罗珉 | 价值主张、核心战略、资源配置、组织设计、价值网络、产品与服务设计、经营收入机制、盈利潜力 |
| 魏炜、朱武祥 | 定位、业务系统、关键资源能力、盈利模式、自由现金流结构、企业价值 |
| 周辉等人 | 市场定位、盈利模式、顾客价值、业务系统、持续发展机制 |

资料来源：作者总结

为了便于分析研究，本文将部分学者商业模式维度划分的观点归纳整理于表

2-2，多种多样的理解和五花八门的分类方法挑选出了不同的要素组件。表中部分学者通过分析工具来挑选划分要素组件。例如：谢弗等人（2005）使用亲和图法（Affinity Diagram）选取商业模式文献中最常出现的四个成分它们分别为：战略选择、价值网络、价值创造和价值获取；Osterwalder（2005）探讨了文献中最常出现主要的九组元素。

其次更多学者按照商业模式维度的相互逻辑或自身逻辑来划分维度类型。Yunus等（2010）认为社会语境下的商业模式是由三个相互关联的要素组成：（1）价值主张，即清楚客户是谁，以及企业提供的价值。（2）价值星系，这意味着企业如何提供给客户的产品，不仅涉及公司自己的价值链，也包括供应商和合作伙伴的价值网络。（3）盈利模式，也就是前面两者盈利关系的解读，即这个商业是如何从消费者处获取价值，以及通过价值星系，成本是如何构成的，资本又是如何赚得的。周磊（2007）将商业模式按照从经济向运营、战略和整合递进的发展轨迹来定义的。他将商业模式分为四类，经济类商业模式表示企业的获利逻辑，运营类商业模式表示企业的内部流程和基本构造设计，战略类商业模式表示企业的战略方向，整合类商业模式强调对于企业商业生态系统运行本质的描述，即如何整合和提升企业的战略方向、运营结构和经济模式。王雪冬（2013）则尝试从结构和逻辑的角度去划分，把要素之间没有前后顺序的划定为逻辑化的商业模式要素，把要素之间有前后顺序的划定为逻辑化的商业模式要素。Itami 和 Nishino 的双要素模型（2010）把要素分为业务系统与盈利模式两个部分，其中业务反应学习和传递，创造客户或客户营销，并实现跨界；盈利模式则是反应盈利业务的不同意图。彭晓燕（2007）则更进一步，她在基于多种商业模式的分类的基础上，将商业模式的要素按照横向信息交换活动与纵向基础环节进行划分。

通过对于不同的商业模式构成要素的整理，我们可以得到以下结论：

第一，商业模式的构成维度中必须考虑到顾客，顾客关系、渠道、顾客界面、目标顾客这些要素都是以顾客为中心的，关注顾客是商业模式成功的必要条件。

第二，价值是商业模式成立的基础。价值和盈利是维度最重要的组成部分，任何一种分类方式中或者包括了客户价值、价值主张这类与价值有直接联系的维度，又或者收入、定价这类明确衡量盈利程度的维度。

第三，商业模式是一个动态的理论，随着环境和时间的变迁，商业模式的构成也会发生变化，维度及其强弱会随之增减。这种改变是企业维持其竞争力的需要，这种改变不仅表现为商业模式类型的变化，也包括商业模式的内在维度的改变。可以预见，在网络经济下，商业模式随着互联网技术的渗透，改善顾客关系的方式发生了变化，渠道发生了变化，目标顾客的异质性取代资源异质性成为企业发展的核心，这些都会使得盈利模式发生改变。也就促使网络经济商业模式的维度中增加了许多新的内容。

综上所述，商业模式的维度必须要关注顾客和价值，随着关注顾客和价值的视角不同，维度也会随之产生变化。与此同时，本文认为完整的商业模式理论框架要同时考虑商业模式的维度和逻辑。然而构建的商业模式理论框架是静态的，要商业模式动态运行，就必须建立必要的网络经济商业模式运营机制，这也就是本文将要研究探讨的课题。两者共同组成网络经济商业模式理论模型。

## 2.3 商业模式机制研究的理论基础

商业模式构成的维度孤立运行以及静态的理论框架并不会导致商业模式的发展和创新，除了知道维度间的关系，商业模式的框架，还应该了解商业模式是如何运行的。因为商业模式的形成在于不同维度之间的复杂互动，这种互动也就是商业模式的机制。Morgan 与 Baden-Fuller 在 2010 年发表的文章中认为讨论商业模式内在机制是研究商业模式亟须关注的。

价值是商业模式存在的根本，企业商业模式的运作就是为了价值创造和价值获取。(Teece, 2010) 毫无疑问实现价值是商业模式运行的动因。而这点在理论模型中也有所体现。无论是 Hamel 提到顾客价值还是 Osterwalder 和 Pigneur 提到的价值主张，都是商业模式中的重要组成部分。随后 Shafer 的模型中更加直接将价值创造与价值获取作为维度。Teece 在 2010 年提出的一个表达商业模式的环状逻辑模型中首次突出了价值创造、传递、获取机制。

网络经济商业模式下价值网络取代价值链成为了商业模式的载体，Prahalad 和 Ramaswamy 提倡的价值共创成为了价值创造的主流方式，这对于实现创造价值、合理价值分配、重视价值专属提出了新的挑战，而这些构成了网络经济商业模式的运行机制，从属于价值基础理论。在价值基础理论中，Brandenburger and Stuart 不仅讨论了价值创造，更详细讨论了对剩余价值的所有权的问题。在他们看来，价值创造后的价值分配同样重要，它决定了价值的归属，而价值专属从某种意义上来说决定了企业的发展意愿。

## 2.3.1 价值基础理论概述

价值基础在很多领域都有对它不同的解读。如经济学的一般均衡理论的价值基础是劳动价值论。伦理学的人道主义与个人主义是志愿行动的价值基础。而战略学者认为"使命"即是组织存在的"价值"。彼得·德鲁克所说："商业的任务和目的是满足顾客。"而只有当商业传递出优质的消费者价值就能获得消费者满意。换句话说，企业的存在不是因为降低了交易成本或最大化利润，而是因为提供了买家需要的产品或服务，提供了买家需要的价值。简而言之，组织由于为其利益相关者（Stakeholders）创造了"价值"，因而组织得以"存在"。价值基础就是相关领域理论背后的依据，它通过相关理论决定了具体决策和战略。在商业中价值基础指的是企业为了实现价值所遵守的原则和导向。有的学者也将商业中基于价值基础理论的战略叫做价值基础商业战略（Value-based Business Strategy），Brandenburger and Stuart 提出来相对应的价值基础理论，一个以价值基础为主轴的研究架构。

在互联网时代，焦点厂商如果将这一"价值"的内涵与概念运用到互联网商业模式上，就形成了网络经济的价值基础理论。Olivier Chatain 和 Peter Zemsky 在讨论价值基础理论时曾提到："焦点厂商与其他利益相关者共同组成一个价值网络（value net），而为了使这个价值网络价值极大化，或这个价值网络存在的'价值'与其他厂商有所不同，焦点厂商需要拟定与执行价值创造、价值获取、价值专属与价值共创等步骤"。在传统工业时代，价值基础是以资源依赖为主。而在互联网时代,价值基础更强调需求导向。价值基础的变革也推动着以往成熟理念的转变。Penrose曾经提到资源自身与资源提供服务属性之间的区别,她提到资源被利用到企业运营中的是某种属性。随着价值基础不同,资源价值的判定标准也发生着变化。在资源基础理论中,资源的价值是外部环境决定的。而网络经济需求导向下,越来越多的战略学者认为"资源之所以能获取经济价值是由于顾客的使用",需求导向突破以往简单通过属性特征鉴定优质资源(Barney,2001),或泛泛的将企业家判断力或管理能力又或卓越的资源组合技能作为企业成功的必要因素。取而代之的是,结合了资源和需求两端的研究能提供一个界定具体的政策判断的基础。这里,价值网络成员除了焦点厂商外,还包括供应商、渠道商、顾客、竞争者与互补者(complementors)等利益相关者。

价值基础的核心是价值创造、价值获取、价值分配与价值专属(Brandenburger and Stuart,1996),互联网时代强调价值共创,企业实现价值获取,这需要通过价值分配和价值专属来实现。与以往价值链中价值获取相对清晰相比,网络经济中价值获取更强调价值分配,即如何将创造的价值总量在不同的参与者中间划分。所以网络经济商业模式下实现价值获取是有前提的,那就是总价值经过分配,每个成员都变更好,而价值的归属能明确到具体不能再划分的个体。而要做到这一点需要所有关于分配价值的协议都是稳固的。换句话说价值分配的保证与商业模式实现价值有必然的联系。

## 2.3.2 网络经济商业模式价值基础的主要构成

### 2.3.2.1 价值创造

价值创造(value creation)是战略与组织研究领域中最重要的概念之一,可以运用于个人(Bridoux et al.,2011)与组织的研究。如供应价值链(Brandenburger & Stuart,1996)、厂商买卖关系(Chatain,2010)、战略联盟(Adegbesan & Higgins,2011;Wassmer & Dussauge,2011)以及社会网络(Lee,Peng,& Barney,2007)等不同的分析层级,探讨各种不同的战略性课题。Priem(2007)认

为，与"价值"相关的概念如附加价值（added value）、价值分配（value distribution 或 value allocation）、价值获取、价值专属与价值实现（value realization）等，经常在含义上混淆不清，而我们应当从顾客的视角来看待价值创造。

Brandenburger 与 Stuart（1996）按照传统经济学的概念，根据 VPC 理论架构，将价值创造简化为支付意愿（willingness-to-pay）或价值（V）减去供应商的机会成本（supplier's opportunity cost），即整个价值链的成员可共同取得的价值，或整体利益与成本的缺口（benefit-cost gap）（Peteraf & Barney, 2003）。从资源的角度来看，支付意愿指的就是资源的属性依附于产品后所体现出来的资源价值。机会成本指的就是资源成本。而价值创造就是资源带来的总价值减去资源的总成本。这样的定义简单明了，但仅局限于现有"价值"的论述，并没有考虑到其他因素如创新、厂商资源能力可能会影响到价值链的变化趋势。更为严重的是，如果加入互联网的思维，增加诸如跨界、链接、界面和触点等概念，价值创造的概念将发生重大变化。我们认为，传统研究中大多数学者多是从供给面角度，将价值创造等同于焦点厂商相较于其竞争者所产生的竞争优势或所创造的经济租金（Coff, 1999; Schmidt & Keil, 2013）。仅仅只有 Priem（2007）从消费面来考虑，认为价值创造应涵盖可提高消费者所认知到消费利益的创新，即强调焦点厂商不仅与价值链的成员合作，也需与消费者互动，才能共创大饼（increasing the size of the pie）。毫无疑问，随着网络经济的发展，消费者的话语权增大，消费者顾客必将然不仅仅从理论上成为市场的主体，也是成为价值创造的来源，所以价值共创也必然成为网络经济价值创造的主要途径。

#### 2.3.2.2 价值分配

价值分配的难度由于价值共创变得很难。很多学者认为价值分配就是利润分配问题（李仕明，2004）。也有的学者认为价值分配是合作联盟中的动态博弈（王恒山，2013）。在作者看来，价值分配是指对创造的价值在价值网络中进行划分的互动行为。成功的商业模式旨在通过实现价值网络中利益主体间的合理分配来实现激励。

价值分配能影响企业的价值获取,而且会反过来影响企业的价值创造意愿。价值获取主要取决于焦点厂商与其他利益关系团体彼此间的议价能力。价值获取的必要条件就是一个参与者能提供正的附加价值（positive added value）,但这并非是充要条件（Brandenburger & Stuart, 1996）。如果价值创造仅仅停留在生产者潜在的（potential）价值创造方面,或者只是推测的价值（conjectured value）,价值网络的参与（生产）者可能无法获取自己的价值或利益,也无法获得所创造的价值。因为这一推测价值需要通过市场的价格或消费者的知觉（awareness）,才能变成可实现的价值（realized value）(Pitelis, 2009)。也就是说,只有当价值可被获取后才可实现价值创造的目的。价值获取需要交换价值的分配（distribution）,价值网络的参与者如何争取或分配到自己该得的交换价值（Bowman & Ambrosini, 2000; Priem, 2007）。需要指出的是,产业组织理论学派（IO）对价值获取的诠释极为精确,以独占性所获得的经济租金,解释厂商如何获取价值。即当价值网络参与者将整个价值网络所认知的使用价值转换为可分配的交换价值时,制造商、焦点厂商与供应商之间该如何分配自己的那一部分,则取决于彼此间议价能力（bargaining power）或市场力量（market power）的高低。

### 2.3.2.3 价值专属

价值专属（value appropriation）与价值获取概念相似,经常在文献中被混淆而混用（Brandenburger & Stuart, 1996; Priem, 2007）。我们认为,这二者是既有区别,却又高度相关（distinctive but highly related）的概念。大多数文献所强调的"价值获取"（value capture）(Teece, 2006; Lepak et al., 2007; Pitelis, 2009),多通过竞争逻辑分析组织层级对经济租金的角逐（Pitelis, 2009; Chatain, 2011）。在单个厂商组织的价值链进行解构,形成多个厂商构建的价值网之后,"价值创造"与"价值获取"只能以组织间关系为分析单位,组织间关系网络的基于价值基础的战略（value-based strategy）(Brandenburger & Stuart, 1996）必须假设焦点组织（旗舰厂商）对于组织间关系结构的战略性安排不以创造共同利益为意图（Hansen et al., 2008），或至少该意图并非这一战略决策的核心。从理论透镜（theoretical lens）上看，价值获取主要的理论依据是产业组织理论学派（IO）和资源基础观（RBV），产业组织理论强调应当如何以议价能力或市场力量来掠夺他人的价值，以期能增加自己本身所分配到的价值；资源基础观则强调隔离机制（isolating mechanisms）是价值获取的理论基础（Makadok & Coff，2002）。从价值创造与价值专属（Gulati & Singh，1998）的角度，学者认为确保组织网络中价值创造者获得相应的奖励或租金（价值）是企业和网络发展的动机。因此，必须考虑到组织间关系治理战略思维中价值创造与价值专属的重要性（Dyer & Singh，1998；Hansen et al.，2008）。

按照 Brandenburger & Stuart（1996）基于价值基础的战略概念，由于企业组织在特定的价值活动上具有独特的竞争优势，或者拥有独特的资源或能力，因而能够创造出高于市场平均水平的报酬，也就是经济租金。（Teece，Pisano & Shuen，1997）。经济租金的概念强调企业通过特定资源或能力的投资提高企业的"价值获取"能力；但产业组织理论学派的垄断租金与资源基础观的李嘉图租金概念却分别指出，企业由于拥有市场力量与独特（具有价值性、稀有性、不易模仿和不可取代等特性）的资源，可以利用资源的异质性来隔离（isolating）其他企业获取租金，这说明企业创造的价值具有专属性（appropriation）的特征。

事实上，价值专属的理论依据是交易成本理论（TCE）、代理理论与契约理论（Williamson，1991；Gulati & Singh，1998），所强调的是在机会主义（opportunism）与有限理性（bounded rationality）的基本假设下，如何保护市场参与者自己所应拥有的价值。这些学者认为，合作伙伴的机会主义是企业在合作或交易过程中不可忽视且重要的一个基本假设，因为合作伙伴可能基于自我利益（self-interest）采取如故意扭曲信息、采取竞争的行为或蓄意隐瞒实情等战略性行为以谋取私利。因此，机会主义行为常是造成道德风险（moral hazard）、隐匿信息以及侵占合作利益等问题（Muthusamy & White，2005）。然而想在合作前调查合作者机会主义倾向成本高且效率低，合作后的发觉企业又容易遭受损失。因此合作过程中，企业需要考虑合作者的机会主义问题。这时候组织间的治理机制就必须发挥作用，来抑制机会主义等不良行为，从而实现价值专属。

# 第 3 章　网络经济商业模式的理论模型

互联网时代企业实现价值和关注顾客的视角从基于供给端是资源或能力转变为基于需求端的消费者偏好，这引发企业经营行为的改变，也带来商业模式维度的改变。论文根据学术期刊、商业期刊和互联网企业高层领导的演讲，进行筛选后确定选择连接、跨界和界面作为结构性维度，选择社群、平台和场景作为关联性维度。它们构成了网络经济商业模式的新维度。而维度间相互关系在网络经济商业模式理论模型的运行机制中得到体现。

在网络经济下，商业模式随着互联网技术的渗透，它改善顾客关系的方式发生了变化，渠道发生改变，目标顾客的异质性被重视，盈利模式发生改变，网络经济的商业模式价值实现方式从资源主导和能力主导转变为顾客主导。这些都使得商业模式的构成要素中增加了许多新的要素，其中主要包括了连接、跨界、界面和社群、平台与场景。连接顾客是网络经济商业模式实现价值的基础。跨界经营是互联网时代企业为了迎合消费者、实现消费者协同、获得连接的主要方式。形成与顾客相关的界面规则是发展和维持连接和跨界的基础。连接、跨界和界面通常发生在组织内部，主要反映商业模式的内在特征，属于内生性变量，统称为商业模式的结构性维度。

而企业通过社群、平台与场景实现连接、跨界经营和形成界面。社群粘合了相同偏好的消费者群体，实现了企业与消费者之间的价值互动（罗珉和李亮宇，2015）。平台能够增强网络经济商业模式的商业逻辑——顾客至上。企业通过社群和平台实现连接客户，通过跨界经营满足社群内的消费者偏好和平台上的消费者需求。场景是实现具体的跨界行为和连接行为。而社群、平台与场景通常来自于组织外部，主要指商业模式的外在表现，属于外生性变量，统称为关联性维度。维度并非独立而是相互影响的。平台和社群都是为连接顾客服务的。平台和社群之间是相互促进的关系。迈克尔哈耶特就曾指出"平台是借以沟通社群中的粉丝和潜在粉丝的工具"。与此同时，平台的建立打破了信息不对称带来的商业壁垒，为跨界提供了条件。

## 3.1 网络经济商业模式的结构性维度

### 3.1.1 连接

#### 3.1.1.1 连接概述

构成互联网商业模式结构性维度的第一个词或许应当是"连接"（links，inter-links）。连接最早来自计算机行业，是指在计算机程序的各模块之间传递参数和控制命令，并把它们组成一个可执行的整体的过程。有时候连接也指通过网页指向某个目标的连接关系，这个目标既可以是邮件、图片、文件，也可以是应用程序或另一个页面。

学者对于连接的关注几乎与互联网发展是同步的，早在 1996 年 Viscio 和 Patemack 就提出来类似的系统联系（linkages），但那时的 linkages 主要是指价值链供应端组织之间的联系，不论是联系的范围还是程度都很低，这是由于社会关系属于隐性知识，在互联网以前数据量有限，又没有大数据技术很难被挖掘出来，而经济行为和制度深深受到社会关系的限制，所以往往不被当作一个维度。网络经济下的"连接"具有关系属性，它既指人与物之间的连接，物之间的连接，也指人之间的连接，也就是聚合顾客。当互联网时代到来后，数据呈爆炸式增长，再加上数据挖掘技术的发展，对于海量数据的全体研究使得相关关系被显示出来。这些促使社会关系显性化的行为揭示了许多不为人知的社会资源或协同效应。在相关关系的指导下，连接以往并无交集的行业或者商业来获得价值的过程，无形中扩大了交易的规模，连接成为了互联网商业模式中最关键的词汇。连接正带领互联网改变着我们的世界。当我们改变规模时，事物的状态有时也会发生改变。

### 3.1.1.2 连接产生的充分条件

互联网时代，企业界失策与崛起并存。在这个连接盛行的时期，各个产业均出现大量机会，对于变化的适应速度决定了企业成长的高度。大量商业模式创新雨后春笋般的出现在事业界。除了传统的 B2B、B2C、C2C 电子商务模式外，现在的 O2O、C2B、BNC 等多种模式应运而生，很多传统行业在新的商业模式下重新获得新生，洗衣店之所以能估值两亿，根本原因就是由于它在 O2O 下与更多的消费者产生了连接。订餐网"饿了么"对于饮食行业的影响也正是因为通过 O2O 它让更多的消费者和餐厅产生了连接。当初的规模经济在新商业模式的冲击下向范围经济开始转变。连接之所以成为网络经济商业模式的核心，与连接所处的环境有关。在互联网时代，连接之所以成为重要维度出现在各个商业模式当中原因有三个，我们把它们称作连接三要素（linkage elements，简称 LE）：

首先，是信息不对称被打破，导致传统价值链无法维持。脱媒使得传统渠道成为负担，以往的供应链整合上下游战略让很多企业痛苦不堪。由于下游店面过多，2010 年还能与耐克、阿迪达斯分庭抗争的运动品牌李宁出现了 80 亿的巨亏。不过虽然价值链断裂，但是供应链中成熟的精细分工有很多被保留了下来。即资源的利用能力被保留下来，而传统的利用方式被打破了。其次科技创新势衰，商业模式创新兴起。摩尔定律被打破，很多企业纵深式科技研发的速度减缓。与此同时，数据呈爆炸式增长，截至 2013 年，数字数据量预计将达到 4 泽字节（Zettabytes），比 2012 年高 50% 以上，是 2010 年的近 4 倍。再加上数据挖掘技术如 Map Reduce，Hadoop 等的发展，对于海量数据的全体研究使得横向的相关关系大放异彩。在相关关系的指导下，连接成为了互联网商业模式中最关键的词汇。美国社会学家马克·格兰诺维特（Granovetter，1985）认为经济行为和制度深深受到社会关系的限制。他把这种现象命名为镶嵌（又或嵌入）。通过对人的相关关系的研究就能发现以前不易察觉的经济行为。以前，对人、社会以及社会关系的研究往往都局限于某一产业而非全貌。当我们改变规模时，事物的状态有时也会发生改变。如果说企业是资源的堆积物，那么人就是数据的堆积物。大数据使得以前小数据无法研究的人的隐性偏好、意愿以及联系变得清晰。不同事物之间的相关性被察觉，也就不难发现背后一些潜在的经济盲点。再者，连接作为战略被广泛采用与互联网思维的推广有直接关系。2014年3月，姜奇平提出"未来互联网产业将消失，因为所有产业都是互联网产业了。"互联网思维已经嵌入方方面面，开始影响社会层面。人们开始更愿意接受弱连接下的商业运营。阿里巴巴的成功，电子商务、O2O模式的成功，无一不暗示商业正在脱离地域、行业的依赖。而作为关系的集合体，社群已经慢慢的从实体社群趋向虚拟化并依旧能形成真实的情感连接。

三要素使得连接战略的发展得到了肥沃的土壤。在精细分工下，充分的发挥了每个个体的作用，因为越是分工细化，个体的价值越能得到体现。比如，一个只会英语的人在分工后可以使用，但是如果要求又会英语又会计算机，可以招聘的人就少了。这种分工使得再微小的闲置资源也可以被利用，而价值链的断裂使得这些可利用的资源获得更多的组合方式。大数据技术让很多隐性的消费者偏好、消费者偏好异质性以及潜在的相关关系被观察到。而互联网思维给予企业实施连接战略的合法性和驱动力。可以说连接是目前为止最能满足消费者偏好的战略，所以连接所能产生的价值"连接红利"必然超过以前诸多租金的总和，也是前所未有的巨大，驱动着企业去颠覆各个行业。

### 3.1.1.3 连接对象

连接除了组织间的连接外，还包括连接人和人；连接人和服务；连接自我；连接万物（物联网）四个层次。第一层是连接人与人，强化人之间的沟通与社交，尽可能的减少信息不对称，并加强人之间的关系；第二层是连接人和服务，这些年最常见的就是这一类，包括饿了么、滴滴打车、58同城都属于这一类，通过网络连接可以让企业对客户进行精准服务，提高服务的效率；第三层是与自我的连接，也被称为联网自我。它是通过互联网的数据分析来量化自我。大量的健康监测设备如智能手表、智能手环都是用来实现对自己的量化与监测。这种自我连接大量出现在健康器材领域，而消费者可以通过自我连接来实现自我调节的生活方式。第四层是实现连接万物，也就是我们通常说的物联网思维，通过终端让人实现与所有"身外物"之间的联系，如上班人士通过物联网与家中的电器实现连接，与地下库里的汽车形成连接。目前物联网已经覆盖了大多数的智能产品和服务，实现了它们与消费者之间的连接。

和以往我们把组织作为连接的来源不同的是，在这里我们把个人作为连接的源头，个人是有其特点的。Amabile（1996）认为事物价值创造必须通过个人与环境的交流完成，是建立在个人特征之上的。连接中企业更像是人的延伸，根据消费者已知的需求延伸到相应的领域，将现有的领域和满足消费者需求的领域进行连接，企业在"成人之美"的过程中实现盈利。

表 3-1 连接对象及其目的

| 连接对象 | 连接目的 | 案例 |
| --- | --- | --- |
| 人和人 | 减少信息不对称 | 陌陌、ZANK |
| 人和服务 | 精准营销/连接 | 大众点评、58同城 |
| 自我 | 自我量化 | 运动手环、智能手表 |
| 人与所有事物 | 跨界 | 物联网 |

资料来源：作者总结

无论是连接人与人还是人与物，其本质都是打破以往资源与供给端的结合，转而连接资源与需求端，其中人既可以是消费者，即需求端，也可以是资源，而物指的是资源。目前有大量学者就在研究连接资源与需求的战略管理。Schmidt and Keil（2013）表明公司的市场地位和组织间网络的位置，及其资源基础和相关的互补性，还有管理知识与经验结合决定了一个特定的资源可预期的价值，即可以由该公司获得的价值。他们重点强调了管理方面对于当前市场或潜在市场中价值创造机会的判断能力，并认为实现资源价值的必要驱动力。Chatain（2011）以及Chatain和Zemsky（2007）也研究力整合两端的问题，他们界定了"客户特定（client-specific）"经济范围的重要性。Argyres, Bigelow, and Nickerson（2011）类似的通过连接需求端和资源价值在以往文献的基础上对"主导性设计（dominant design）"的研究更进一步。他们认为科技优势对于产生主导性设计并不是必要的。反而一个主导型设计的出现，以及随后的行业洗牌，往往是由于新的成分组合方式被提出并在消费者中激发了大量未预料到的需求，没有仅靠技术领先的。Argyres et al. 把这种组合称作"对某种要素组合的广泛需求（conpositio desiderata）"。并展示亨利福特的 T 型是如何成为这样的组合的。消费者需求的产生正是由于"某种要素组合的广泛需求"的出现，在生产这种组合的过程中，所需资源的价值被增加了。

在此期间，越来越多的战略学者认为"资源之所以能获取经济价值是由于顾客的使用"（Priem，2007），他们认为连接资源端和需求端的研究对于战略管理而言将特别有启发性。这样的研究有可能使得我们突破以往简单通过属性特征鉴定优质资源（Barney，2001），或泛泛的将企业家判断力或管理能力又或卓越的资源组合技能作为战略成功的必要因素（Augier & Teece，2008）。取而代之的是，结合了资源和需求两端战略的研究能提供一个界定具体的战略判断政策的基础（Priem & Cycyota，2001），这对于在特定环境中的特定公司是有帮助的。那就是通过这样的研究能够揭开隐性或显性的理论，在这些理论的作用下，将管理者、顾客价值创造到支付、再到价值系统、资源价值、最终的企业价值获取连接在一起。这一切似乎会引导出一个更混乱但更具实际意义，与领域起源更一致的战略管理（Schendel & Hofer，1979）。

### 3.1.1.4 连接的载体

在连接的过程中，产品充当了载体的角色。连接的目的是为了提升价值。但是连接不能凭空产生，连接需要载体，或硬件或软件或应用或服务。从而通过连接会带来新资源。而这些硬件或软件或应用或服务，在本文中把它统称为产品。以往企业形成价值专属是依靠研发利用能力或资源的异质性，产品是技术的载体，产品表现了企业资源与能力的异质性；现在是需求利用消费者偏好的异质性来达成价值专属，这需要企业通过产品将消费者的价值主张以及潜在需求表达出来，产品是连接的载体，产品表现了消费者偏好的异质性。通过连接，把消费者价值主张转换成企业发展战略主张。而僵固的心智模式（mindset）也可以成为隔绝机制（Porac，Thomas，& Baden-Fuller，1989），在产品连接下被满足的消费者偏好促使消费者形成消费惯性。在连接战略下，作为载体的产品依靠消费者偏好形成社区平台乃至价值网络，由于时空不对称性，往往同类产品也只能存活一个，这就让产品通过连接占领市场结构洞。

在连接的过程中，企业同样通过产品完成价值获取。互联网时代基本没有闲置资源，创造价值的能力最强，但是这种模式有点类似于霍布斯（Hobbes）在17世纪谈到的"自然状态"（State of Nature），会出现很多的漫无秩序和任意妄为的行为。由于信息流和资金流都缺乏约束，由于消费者之间差异太大，企业完成价值获取很难，一旦尝试获取价值，就会引发消费端的抛弃，所以企业发展和增值受到限制。很多的网络公司的盈利能力受到质疑最关键的原因就在于此，它能创造很高的价值却无法完成价值获取。如果说从前产品往往是价值获取的终点，那么现在产品更多的是实现价值获取的中点甚至是起点，它完成了价值获取。一方面通过产品完成价值分配，在以往价值分配是通过分销渠道完成的，但是在"脱媒"的影响下，传统的分销渠道开始分崩瓦解，于是有的产品开始作为平台行使价值分配的职能。例如 IPHONE 通过 APP 平台连接 APP 设计师和软件消费者，消费者付费给 APP 平台，再由平台将费用交给设计师，APP 平台负责分配价值的过程中提供安全便利的服务并进行抽成。阿里巴巴、京东皆是如此。另一方面产品形成受众社群，为以后新产品的推广和盈利，实现交换价值提供基础。比如小米通过手机、社区形成"米粉"，苹果通过一系列产品形成"果粉"，腾讯凭借 QQ 形成庞大受众群，这些群体通过产品对于企业形成消费惯性，对于企业新产品的价值有敏感的感知能力，这使得极易实现产品的交换价值。

### 3.1.1.5 连接方式

互联网时代带来的是人类连接方式的改变：(1) 互联网时代将是自由连接的时代，即从组织协作转向自由协作的时代；(2) 是丰富连接的时代，是从产品化商业转向到体验化商业；(3) 是聚合连接的时代，是从中心化传播转向到碎片化传播。

正是这种连接方式的巨大改变，使互联网时代又成为动荡剧烈的时代，促使商业模式不断创新，诞生了内容营销、碎片化经营、自媒体经营等新商业模式。

在商业模式创新的过程中，一个原则始终未变那就是连接。根据作者观察，连接分为两种方式，即主动连接和被动连接。它们本来应用于互联网文件传输的协议中，主动连接是由服务器端发起的，被动连接是由客户端发起的。顾名思义，在战略中，主动连接是由核心企业主导的，被动连接是由客户和其他企业主导的。

主动连接是指企业凭借自身的综合实力，根据自己的资源和能力优势，主动的进入某个市场。例如奇虎进入杀毒软件行业，腾讯进入游戏、电商等产业，均是一种主动连接的方式。奇虎通过自身的技术优势打破杀毒软件壁垒，实行免费政策，给自己带来了3亿用户。而腾讯利用自己在QQ上积累的4亿用户的优势，进入游戏、电商行业并迅速获得市场份额。主动连接有行动迅速的优势，但是选择时容易出现偏差，往往存在风险。

被动连接则与企业的实力关系不大，它更注重消费者偏好，特别是潜在需求。通过建立平台，聚合消费者目标群体（Target Customer Segments），以实现消费者价值主张为手段，让客户和其他企业自发参与到连接中来。如iPhone除了基本功能之外基本不设定任何框架，而是让消费者自行选择APP平台上设计商提供的产品。苹果则专注服务来保证设计商和设计商的利益和系统的稳定，让自己的连接性做到了极致。利用iPhone为抓手，实现了消费者与软件设计之间的连接。被动连接能保证连接方向的正确性，但是需要积累受众群体，往往时效性并不太好。

### 3.1.1.6 连接的利他价值主张

在传统经济学中，企业的价值主张都是"利己主义"，也就是为了自身利益作为企业的行动准则。诚然在工业经济时代也存在关系式交易，但以往的关系式交易是为了降低交易的成本，而社会交换是为了满足自身的归宿需求以及避免利益冲突。在Peter Blau看来，它的推动力量依然是"自我利益"为核心的。

而随着互联网时代，利他主义成为连接实现的必要条件。也就是把满足他人利益作为企业的行动准则。这甚至成为了许多互联网企业存在的基础。滴滴打车能够被车主与乘客所接受正是由于它提供了更容易操控的界面、更多的补贴,更便捷的使用方式。正是通过利他主义,互联网企业能实现其规模效应,而且往往企业会将这种利他的方式保持下去,因为这是企业保持连接的根本。而这种利他的方式符合商业生态中各方的利益,所以也必然会维持下去。这有点类似于群体选择论的观点,即当利他主义有利于种群利益时,这种行为特征极有可能会随着种群利益的最大化而得以保存和进化。

与此同时,网络经济追求的是规模上的弱联系,而非质量上的强联系。而与强联系相比,弱联系中的信息重叠更少,合作性更强,竞争性更弱。这就促使在网络经济的连接过程中更加容易共享而非竞争。这也促进了利他价值主张的产生。

今天,连接已经成为互联网的本质特征。2014 年全球移动互联网大会(GMIC)提出了一个观点:未来,人、服务、设备的一切都会智能化,并通过移动互联网彼此连接在一起。那些真正具备连接能力的企业将具备最大价值,称为"连接型"企业。

## 3.1.2 跨界

互联网时代不仅诞生了很多新的商业模式,也有很多新的商业模式结构性维度,其中最受人关注的是连接和跨界。要理解互联网时代的价值创造问题,应当从人类社会发展的线索入手。其有两个线索,一个是"人的延伸"(the extensions of man),即连接;一个是"跨界协作"(crossover),也就是跨界。两者相互依赖,相互实现。互联网时代的连接是通过多种方式完成的。从连接的方式来看,分为技术跨界和社群跨界。技术跨界,顾名思义,利用产品技术优势得以实现跨越领域或行业进行经营,完成跨界的同时建立平台。这种方式以引进新兴技术为手段打破以往垄断,迎合顾客需求建立平台。如 iPhone 苹果手机,滴滴打车。另一种社群跨界,则是利用壮大起来的社群实现跨界,并同时吸引新的受众。这种方式以腾讯的 QQ、微信、小米盒子为代表。从行业边界来看,连接的方式除了跨界以外,还有融合(联合)。主要分为行业内的融合和行业间的跨界。行业内的融合包括线上线下的融合(O2O)——利用线上的技术分配线下的资源,如饿了吗,苏宁易购,去哪儿；也包括同行业竞争者之间的兼并，如土豆与优酷的合并。行业间的跨界往往是在某个行业中企业进入另一个不相关的行业，如乐视进入手机行业。先共享一部分信息、非核心内容，一部分特色，一部分用户群，看似有所损失，但其实是以退为进，为的是将来能取得更大的利益，更大量的用户，更广阔的市场，甚至是全新的发展机遇。

时常被提及的整合（Curriculum Integration）理念就是指按照统一标准，实施数据集中，在此基础上，使有交集的工作流彼此衔接，通过一体化的举措实现信息系统资源共享和协同工作。其目的就是将分散的要素捏成一个高效的整体。这个整合是跨界的。

"跨界"（crossover）是企业利用自身的技术或社群优势主动从一个领域或行业进入另一个领域或行业竞争或经营。这种跨界对于原行业企业而言往往是不可预判的；而给消费者带来通常是他们最贴切的需求。因为企业尝试跨界往往是源自对消费者痛点的挖掘发现。跨界可以将原本不相干的元素融合在一起，形成新的亮点。如触摸屏与手机结合的 iPhone 就是苹果跨界的亮点。对于进入者而言，跨界也可让其获得竞争对手的知名度与市场。在苹果 iPhone 大行其道的时候，华为进入智能手机市场，抢占了许多 iPhone 的市场，并且由于 iPhone 高端机的身价让华为的智能手机能够迅速的获得认可。

近年来，跨界搜寻已成为继外部收购和内部研发之后提高组织竞争优势的第三条途径。当跨界对于知识的要求越广泛丰富，知识跨度越大，催生的新事物往往越有竞争力。而实践过程中，通过搜索多样的知识理论并结合外部知识获取新的创意从而完成组织创新，当然也可能因为产业别的不同而存在差异。但这已经成为了跨界创新的模式——开放式创新模式，在利用外部资源的过程中，它规避了封闭式创新中常遇到的能力陷阱，防止企业对于环境的感知能力和适应能力，同时也打破了环境与资源对于自身认知的束缚。

正因为此，所谓的跨界创新就是跨界者用一种开放式创新提供了企业创新商业模式的机会，雕爷牛腩、黄太吉煎饼就是跨界创新。他们把互联网思维带入了传统的饮食业。雕爷牛腩信奉少就是多，并不过分强调品种的多样性，但追求最好的用户体验。围绕这样的产品精神,雕爷牛腩只保留12个SKU (Stock Keeping Unit, 原指最小库存单位,引申为单品)。而黄太吉煎饼在做产品的同时,也增加了很多的客户体验,活动层出不穷。所以客户购买黄太吉煎饼可能并不一定是由于口味的独特,而是由于带来的客户体验。这种客户体验确保企业跨界经营的成功率。而跨界创新中又包含着创造性破坏,在跨界创新成功的同时,也在颠覆行业内的传统企业。这就是为什么给予诺基亚致命打击的是苹果的iPhone,企业进行跨界创新往往是发现了消费者的痛点——消费需求,而由于网络经济往往是"赢家通吃",被进入领域的企业如果反应不及时就会被踢出行业。跨界创新的最大警示是,真正颠覆你的竞争对手可能是你看不到的跨行业微小企业而不是你所能预测到的行业内竞争。行业内的竞争是可以通过理性分析预测的,但是跨行业竞争在很多时候是需要凭借管理者的经验和认知才有可能发现。

在跨界搜索和跨界创新基础上,跨界经营成为网络经济下企业经营的重要模式。在短短的五年间,很多企业通过O2O模式实现了跨界,譬如快递业与电商平台之间的相互跨界,京东创办了京东物流,申通建立了爱买网超,顺丰开办了黑客。而跨界经营今天快速的推广,离不开技术、投资与费用。首先是技术对跨界的影响,网络经济下,工业经济时代的区域隔离或者时间界限很难再起作用,"脱媒"促使营销方式发生改变。移动支付的出现,二维码技术的应用,智能手机、平板电脑的配套硬件的更新推广,加上4G信号服务费用的降低,消费已经突破了时间和空间的限制,对于企业来说,行业之间的客观边界(如区域边界、时间边界)被打破。其次资本促进了跨界经营的进行,互联网时代是赢家通吃的时代,在电子商务的影响下成功的企业往往能吸引到大量的投资,风险投资的大量进入也加快了企业跨界的步伐。最后是交易费用促使跨界,在运营过程中,由于专用性资产、机会主义行为提高了交易费用,促使企业为了利益最大化实行跨界。而在跨界经营的过程中,企业跨界经营的方法主要有跨界营销(crossover marketing)和跨界合作。

随着跨界合作的常态化,行业之间的界限已经越来越模糊不清,作为旁观者已经很难对某个企业或产品下一个清楚的定义,而另一方面,跨界营销给企业带来了实实在在的利益,它实现渠道共享和受众共享,通过不相干要素的融合满足消费者深层次的潜在需求,创造了巨量价值。如世界顶级时装品牌 Giorgio Armani 与三星(Samsung)合作推出限量款手机,上市即脱销。跨界营销成功原因有三点:第一,跨界营销实现了客户、传播、渠道、品牌号召力、销售平台等资源的共享。第二,跨界营销往往是针对目标客户所实施的营销,是以用户为中心的,这迎合了网络经济下价值创造的核心理念,在方法得当、目标得当的情况下,营销的效度较高。第三,跨界合作往往取长补短,可以既满足了消费者对品牌的渴望,也拥有较好的质量,这必然会增强对消费者的吸引力。

在这种跨界合作下一方面产品的生存能力会得到提高,但是更重要的是能寻找到新的合作伙伴,用极其低廉的成本获得合作伙伴的客户、渠道或知名度乃至市场。而这些按常规都是需要企业经过长时间的积累的,所以通过跨界合作双方都能获得帮助。如 Wintel 联盟,英特尔 Intel 主要是在计算机硬件行业,而 Windows 是在计算机软件行业,但是两者之间的跨界合作促成了两者在计算机行业的霸主地位。无论是何种形式、任何领域的跨界,跨界合作对于双方来说潜力都是巨大的。

资源配置作为传统商业模式的要素,通过跨界实现了突破。一方面由于跨界的需求往往来自于发现了资源的新维度,重新定义了关键资源,挖掘出了资源价值的新维度,改变了资源价值。另一方面,跨界往往能够激发企业对于闲置资源的使用,改变了资源规模。所以互联网时代即使是相同的资源组合也会在跨界过程中做出不同的资源配置。

但跨界经营并不是没有限制的。一方面跨界经营是衡量交易成本和利润后作出的结果,并不能入不敷出;另一方面跨界经营需要注重技术投入和专业型人才培养。所以,企业不能跟风盲目跨界。

## 3.1.3 界面

界面(Interface)也就是交互的意思,指的是两者之间的作用与联系。最早的时候界面是来自工程技术方面的一个技术专用词,是专门用来描述各种仪器尤其是计算机等部件之间的接口。而界面就是用于描述两组件结合部分的结合状态或连接关系。此时界面往往涉及到协调与整合。在管理学中界面常用来指代两组织之间的交互。为人们对组织系统进行的研究提供了便利。Daniel A. Wren（1967）认为界面概念是指组织网络中成员之间结点的关系与协调。官建成（1995）认为界面是为了实现某个目标各个部门合作，其中存在冲突的区域就是界面。但是后来学者更多认为界面并不止是一个区域，它更是一种状态或机制。如刁兆峰等人（2001）就认为界面是企业各部门或成员通力合作下信息、资金、物资等元素交互作用的状态。吴涛等（2003）把界面看作组织间连接机制。罗珉（2006）认为界面能反应两种物体间或系统组分间的结合状态。本文认为因某种目的结合在一起的各部门或组织，他们之间相互作用的状态被称为界面。这种状态并非静止的，而是以某种规则动态运行的，这个规则也就是界面规则。

工业经济时代，对于界面的研究主要是如何促进企业沟通，提升企业的活性和协同性。信任和互惠被认为是形成良性界面的主要方式。在企业内部界面的和谐能促进研发部门和生产部门之间的沟通，有利于促进科研成果的转化。创新与绩效成为构建界面管理的主要要素。现在已经延伸到组织的各个方面，从微观的人与人之间到宏观的企业与企业之间，都有界面需要管理，去降低效率的损耗。只要是两个单元，哪怕是再微小的单元也会存在界面。所以分工被认为是界面产生的原因。正是企业为了实现斯密增长，做了大量的分工，这促使部门分割，也就导致了界面的出现。于是在工业经济时代，对界面研究的过程中，学者们对于界面也往往是从分工的角度去观察的。由于当时界面主要研究的是供应端，所以界面的分类主要是与企业及其分工职能有关。普遍公认最早对界面进行划分的是官建成在1995年提出的，他把界面分成三个层级：企业间的界面，它主要存在于集团内的企业之间；项目间的界面，主要存在于项目合作各方之间；企业内的界面，主要存在于企业内各部门之间。郭斌（1999，2003）则认为界面应该分为企业间界面、企业职能间界面和企业职能间亚界面，并且他按照分工的不同进行了再一次细分，首先它将企业间界面根据供应链上职能的不同分成了"制造商—用户"界面与"制造商—供应商"界面；然后他按企业部门分工把企业职能间界面分为了"研发—市场营销"界面和"研发—生产制造"界面；最后他按企业部门内部功能分工再来划分，把企业职能间亚界面分成了"设计—制造工艺"界面和"研究—开发"界面。这些界面的划分都是围绕企业职能和部门的分工来划分的。而网络经济时代的界面与工业经济时代的界面存在很多不同，它融入了用户这一单元，以及相应的其他变化。

互联网界面产生的直接原因是企业价值主张和产品生命周期的改变。在购买投入的资源在未激活前，是无法进行自身转化，必须进行加工才能为产品贡献新的使用价值。这种投入生产过程的有形投入是惰性的。通过人的干涉从获得资源中创造新的使用价值是有必要的。这个论断同样适用于无形的投入比如信息和品牌。品牌自己是不会增加自身资源的。它们必须伴随着生产出来的产品和服务。这就使得产品与企业价值紧紧的捆绑在一起。价值主张是企业生存和发展的信念和动力。曾经企业价值主张下产品更需要的是不断表现出资源和能力的差异性，重点在于供应端，强调的是规模经济，它的关注点是资源的获取和利用资源的能力。而如今的企业价值主张更强调的是符合消费者的异质性。重点在于需求端，强调的是范围经济，它的关注点是消费者异质性需求的能力，而对于资源和与资源相关的能力需求反而降低了。伴生价值主张变化的，还有产品生命周期的变化。产品生命周期曲线通常描绘的是产品进入市场到退出市场的整个过程。在模型中假设销售是紧随产品生命阶段的，即开始于产品进入市场，然后是发展、成熟，最终消亡（Polli and Cook，1969）。在传统工业经济时代的价值主张下，产品的生命周期往往满足（Kotler，Keller and Cunningham，2006）提出的四个要素：（1）产品的寿命有限；（2）产品的销售有明显的阶段；（3）利润的升高、到达顶峰、然后下降，取决于所处过程的阶段；（4）在不同阶段的产品需要相应的人力、金融、营销、生产等方面的战略相配合。并且产品生命周期展示的是钟状的曲线，类似于正态分布。而在连接下，人与人之间的协作效率得到大幅度的提升，这促使产品生命周期发生了改变：（1）产品的寿命方面，当与重要的人或事相关，产品可一直存在；（2）产品销量的起伏取决于人或物（例如网络）之间关系的稳定程度；（3）产品利润的走向不定且与行动作为有关联的（4）产品需要众多同一网络中的参与者维护价值结构在多次鉴定中的稳定。（5）产品的曲线依赖与关系，利润是与行动作为有关联的且有很多联系可能。这些变化反过来使得产品更加适合成为连接的载体。一方面有利于企业长期的占有市场结构洞；另一方面因为产品与人的联系变得紧密，使得企业能更加敏锐的感知消费端的变化。如教育逐渐的碎片化，即随时随地接受教育，把教育的时间化整为零，根据被教育者的需要去进行辅导教育。

在我们看来，移动互联网的界面是包含着超文本技术（Hypertext technology）运用的一种产物，它有着"交互作用"（Interaction）、"联结"（Connection）、"整合"的作用，是一种一体化的思想。成员间借助界面实现交换和联系，而界面反映了他们及其联系的状态，所以想了解网络经济各成员（包括顾客在内）之间关系就需要借助界面作为分析工具。而作为企业而言，要想处理好互联网时代无序的信息，做好信息沟通；与此同时整合好网络内成员，做好界面管理是必不可少的。

在移动互联网中，由于和需求端的参与密不可分，所以这种界面被统称为用户界面，而用户界面是一种资源，在大数据技术的帮助下，我们可以利用用户界面挖掘出更深层次更具有内涵的企业或产品与消费者潜在连接，从而实现更好的价值共创。而对待信息、知识和数据的方式，促成了我们对于用户界面的分类。

第一是内容界面。在这里内容指的是场景，如商务场景、比赛场景。所谓的内容界面就是为了连接消费者与产品而使用的用于吸引人的内容或资讯。在这些场景中包含了大量的信息，这些信息构成了内容。而这些场景也决定了界面。客户体验离不开场景，他们需要场景去强化自己的感知和参与感。尤其是当今碎片化的阅读方式的盛行，企业需要利用场景把用户快速的带入进来，而这就会形成内容界面。内容界面并非仅仅存在于消费者与产品之间，企业所有的经营行为如研发、生产、包装等环节都可以传递信息和媒体。向消费者传达着品牌的信息。如丰田汽车，从保养到维护，再到客服，无时无刻不传递着一个信息：那就是丰田的经营理念——客户与质量第一。而这个理念是通过保养、客服等场景来传递的。而对于互联网企业则更擅长利用内容界面。小米甚至在产品尚未发布的时候就开始利用论坛造势，来宣传他即将发行的新产品。随着自媒体的发展，如何利用内容界面来推广自己的产品是企业必须研究的课题。

第二是工具界面。网络经济供需双方连接的第二种状态就是工具界面。移动互联网本身带有工具性促使了工具界面的形成。企业的产品利用网络的工具性与消费者发生连接。在移动互联网用户界面中，工具界面是仅次于内容界面的重要类型。

工具界面对于用户而言简洁高效是最重要的,因为用户需要通过工具界面来获取所需的信息。对于企业而言,在构建工具界面时更多的是考虑可扩展性,增加工具界面可以解决的问题。

第三是关系界面。关系界面是指移动互联网本身就是各种链接关系的集合体,其中包含了信任、承诺和互惠这些社会资本的内容。互联网打破了时空的界限,通过即时通讯工具如 QQ、微信、微博等实现了跨时空的连接,也构建了更具消费者偏好特征的关系。这里所说的关系界面,很多是特指一个移动互联网社群。是一群厂商与用户具有信任关系、被同样的价值观和偏好集结的群体。

第四是娱乐界面。娱乐界面最多的体现在手机游戏领域,它是将手机终端看成一个娱乐工具,而通过娱乐界面连接消费者与手机。国家广告研究院的分析结果表明,超过七成的人认为娱乐是手机的核心功能。

第五是精准界面。互联网通过精准营销来准确的连接消费者与他的需求,而这构成了精准界面。通过移动互联网,我们可以与个人链接,用微信打电话,也可以与位置链接,用嘀嘀打车。随着自媒体等微传媒的兴起,根据消费者偏好进行精准投放,准确迎合消费者偏好,精准界面会成为企业关注点之一。

在利他主义的作用下,参与互动的成员甚至包括了消费者,界面适用范围变得更大,这也让代表各种信任互惠关系的价值界面的应用范围变得更大。

## 3.2 网络经济商业模式的关联性维度

### 3.2.1 社群

早在 20 世纪末,Theobald(1997)就曾在他的著作《社群时代》中预言社群将引导未来经济和社会的改革。社群是一个基于互动的社会生态,信任是交流的核心。Tsai 与 Ghoshal(1998)认为社会互动下产生的关系能直接或间接的影响价值创造。Prahalad 和 Ramaswamy(2004)认为,企业与消费者交互就是价值创造和价值提取的场所。共同创造的经验是价值创造的基础。但在互联网早期，对于社群的研究主要是从知识的角度去进行研究的，知识分享是社群的主要功能。而美国马里兰大学教授 Gupta 和 Govindarajan（2000）在研究钮科钢铁公司（Nucor Steel）时发现从社会视角去建立一个有效率的社会生态（即社群）是有效率进行知识管理的要件。

社群包含了虚拟社群或实践社群。所谓的虚拟社群和实践社群不过是强调社群的不同方面。虚拟社群更多是就网络而言的，它脱离了时空的限制，成为知识分享和价值交换的工具和场所。在虚拟社群中，强调分享知识以及价值观的传播和认同。Rheingold（1993）认为，虚拟社群是一种社会群体，它的发生来自于虚拟空间上有足够的人、情感与人际关系在网络上长期发展。

虚拟社群存在的根本原因是由于媒体的沟通方式发生了变化，Anderson（1996）认为由于计算机与消费者互通式传达信息的方式比传统媒体自上而下向大众传播方式更接近人际沟通的方式，所以在这个沟通环境下，消费者可以更为主动。它改变了大众传播媒介的绝对传播权，"受众"不再是处于绝对被动的地位，他们可以发出声音，反向地影响"传播者"的行为，同时他们可以选择"传播者"和评价"传播者"。

形成虚拟社群的内在需求是由于大部分企业都无法在本身的组织内持有所有需要的知识，需要组织的成员通过组织以外的来源获取知识。随着网络技术的发展，越来越多人通过互联网追求与分享知识。Romm 等人（1997）认为，人们加入虚拟社群会受到四个因素的影响，分别是技术的（technological）、动机的（motivational）、任务的（task）与系统的（system）因素。在本文看来，虚拟社群实现了知识共享和关系治理，同时为消费者异质性需求提供了平台和渠道，为人们沟通、交友提供了条件。虚拟社群跳脱时间和空间的限制，为人们交流经验和想法提供便利的建立工具与社群空间。更重要的是，在虚拟社群每个人可以脱离现实社会的束缚获得与现实中不同的更符合自己价值观需求的人际关系和价值。

虚拟社群满足许多个人在现实空间无法实现的差异化需求。Tapscott，Lowy 以及 Ticoll（1998）认为，虚拟社群事实上不单只是技术、交易商品或使用者的组成，也是情感、价值观、行为互动、语言、时间与空间的组成。电子商务专家 Hagel III 和 Armstrong（1997）认为，虚拟社群最大的功能是满足了消费者的某种偏好，聚合了相同偏好的群体。

实践社群则更多的是强调学习和创新。Lave 和 Wenger（1991）在阐述实践与社群时，就曾有过类似的表达，他们认为学习有时来自于实践，所以了解某个群体的工作和交流就需要进入内部，成为该社群的一员。

实践社群是组织成员间一种非正式的工作联系性群体，是 Brown 和 Duguid（1991）在对施乐公司（Xerox）进行案例研究时发现提出的。"实践社群"是一个多维度的概念，Manville 和 Foote（1996）认为将其定义为"通过寻求对其共同面对的、具有同样级别和性质的问题的解决而彼此非正式地联结在一起的一群专业人士。"他们指出，是否能充分发挥核心竞争力的潜能，这一类非正式的人际网络是不可或缺的，而它是通过经常处于不同的或地理上分散的经济单元中从事相同或相似工作的人们之间所创造的。这些非正式的网络就是"实践社群"。实践社群是一个活动系统，而并非作为个体的学习者、发展者或实践者。这个活动系统是分析学习和知识创新的基本单位。在 Ahonen，Engeström 和 Virkkunen（2000）的扩展学习模型（Expensive Learning Model）中，工作团队、工作实践的发展历程，以及如何创造新的实践活动都被一一提及。而在学习过程中组织所扮演的角色就是个人专业知识的整合者（integrator），实践社群提供了一个基础使个人知识转变为组织的知识，从而形成知识连结。正因为此，实践社群受到了很多学者的重视，管理咨询顾问 McDermott（1999）指出，非正式关系在实践社群中的培养，对于知识的分享和创造有着极大帮助。

实践社群不是正式社群，它是基于各自的原因形成的，布朗和杜奎德把它称作非正式的工作联系性群体。该学习活动，不仅仅存在于车间现场这种实践的基层单位，教育的所有领域和层次都能发现。与其他学科相似，管理学者在完成学历学习后，也需要与同行相处，在交流的过程中提高自己的专业水平和知识水平。他们由此形成了一个能够产生、分享和利用只有内行才懂的专业知识的学习群体。实践社群的形成是一个自组织的过程，动力来自于社群成员对某项事业共同的专业知识和热情。在这过程中,实践是一种自发性的行为,一旦实践缺乏社群内部的支持,也就很难维持下去,同样社群也就很难继续存在。就如 Wenger and Synder(2000)所说,学习不但与获取知识有关,也与社会认同(social identity)的获得有关。个人学习与其所处的社会情境(social context)有关,且融入在实践中。这是因为学习作为一种实践过程,最佳的方式是以内部成员的身份去理解该群体的工作特点,这就需要转变成为该"实践社群"的一份子来融入其中。而工作实践(work practice)似乎可视为工作认同(work identity)与知识获得(knowledge acquisition)的关键。而工作认同多半是由参与(participation)而产生或创造(create)出来的,而非从结构文化而来。因此,工作实践的挑战需要以实践社群(community of practice)与协调(coordination)来应付;工作实践决定了再嵌入的知识(reembeddeding knowledge)与不嵌入的知识(disembeddeding knowledge)。

社群在网络经济下是实现价值基础战略的重要节点。Chesbrough 和 Appleyard(2007)研究发现,企业通过社群中可获得的资源来创造价值,社群能够凝聚受众,使得原来分散的个人偏好变得更集中,更容易被锁定,而社群的社会认同会促使受众更愿意参与创新与知识分享来贡献价值,与此同时社会认同会使得社群具有排他性,对于该社群以外的偏好往往评价中性或者负面,所以社群能帮助企业完成价值获取。Adner(2006)也认为企业应当依靠它创新的生态系统来创造价值和获得成功。因此企业的战略需要是否与其生态系统相匹配就显得尤为重要。

其实社群背后的逻辑是供应端视角正在被需求端视角所替代,企业主导的价值链正在被企业与消费者共建的价值网络所替代,共创价值被形成共识,单向的价值传递被价值协同所取代。Sony 的创始人出井伸之也看到了消费者角色的转变——用户主动参与生产取代了被动接受,也发现了社群逻辑。他把成功的互联网企业称作"用户平台级公司",因为这类公司是根据消费者的需求与偏好给消费者提供平台去参与、去体验。而对于这类互联网企业而言,只要市场足够大,流通足够通畅,无论多么狭小的利基市场(顾客偏好),都能提供足够的市场份额。

而在社群逻辑下,用户平台级公司与价值链企业之间表现出来了很多不同之处。首先就是提倡跨界经营,在社群逻辑的主导下,传统产业边界对于企业来说并不是障碍，一来企业是根据用户需求来发展经营的，这意味着企业肯定拥有市场，二来社群逻辑下技术与资源的要求并不高，所以生产难度不大。正因为跨界经营是可以允许的。其次注重消费者，关注用户参与，强调用户体验。强调组织的所有生产和经营活动都是用户参与，包括产品设计，生产、物流运送、渠道和销售等环节都要有消费者的体验。最后就是企业之间强调竞合，排斥一味的竞争。竞争企业常常会选择合作快速占有市场然后一起进入其他领域。如滴滴打车和快车的合并就是为了尽快占有市场。

显然这样的社群逻辑颠覆了工业经济时代强调分工实现斯密增长的规模逻辑。与规模逻辑相比，社群逻辑更像是熊彼特增长。在社群逻辑下市场的划分不在是根据产业或资源，而是更加消费者偏好。社群促进消费者与企业的连接，而其中带来的连接红利是巨量的，它促使着企业进一步了解并引导消费者。社群的出现证明了网络经济是基于人的经济，而非基于产品或物的经济。这点体现在线下与线上两个方面：线下是若干个消费者产品体验的门店，是针对消费者诉求的 face to face 的对话平台；线上的电子商务平台、支付平台、物流平台和厂商与用户的对话平台都紧紧围绕着消费者的需求开展活动，而消费者不再是被动的消费，他们的建议被企业听取和采纳，从某种意义上来说他们已经被当做知识工作者纳入了价值网络。由此可见对于人的重视已成为网络经济下企业的竞争优势。

## 3.2.2 平台

"平台"（platform）一词的原意是指高于附近区域的平面，或供休憩眺望用的露天台榭，楼房的阳台。现代社会生活中，"平台"一词指的是计算机硬件或软件的操作环境，泛指进行某项工作所需要的环境或条件。互联网时代所说的"平台"一般是指"互联网平台"或"网上交易平台"。

迈克尔·哈耶特指出在如今的市场中获得成功，高效的平台是必备的要素。企业将过去的线下交易方式通过第三方的交易平台搬到了互联网上进行交易。客户可以通过交易平台找到自己所需要的产品，从而进行交易，往往网上交易平台所提供的产品是包罗万象的。第一个类似的交易平台是1980前后诞生的美国航空运输业的机票网上订票系统。到1993年万维网的出现，网上交易平台从此得到了高速发展，今天英特网已全面商业化。

本文所讨论的平台，是指"互联网平台"或"网上交易平台"。可以这样说，网上交易平台利用互联网建立了一种新的秩序，这是一次革命，它不仅影响到线上的电子技术，也给线下的教育、金融等带来了不小的冲击。这是因为从功能上来说，网上交易平台不仅是交易工具，也是传递信息、服务的渠道，更是各方诉求的表达场所。我们认为，网上交易平台对传统的交易场所和以往工业经济时代的商业模式的冲击和影响无疑是巨大的，是互联网技术的一次伟大创新。本文认为，平台并不是一个简单的概念，它可以被看作战略，产品又或组织。

把平台视为战略。把平台作为战略最早起源于上世纪九十年代的德国汽车业。企业家们运用平台与顾客和供应商合作，实现价值的最大化。互联网时代的平台战略就是吸引不同群体进入平台以组建平台生态圈。然后通过各方群体在平台上开展的互动合作来发挥整体网络效应实现共赢。平台战略更提倡平行开放的互动，而非封闭垂直的控制。这种思想也促使企业从价值链向价值网发展。对于平台战略来说，最重要的是网络效应。即构建价值网带来的协同效应和报酬递增。而网络效应是由多个要素影响的，其中包括企业文化、规划，但最重要的是时代和社会的发展趋势。

在众多学者看来，平台战略并非一个简单的战略，更像一个统称，在里面包含了许多的平台战略类型。南加州大学朱峰教授和哈佛大学Marco Iansiti（2009）在分析平台的网络效应和利益分析时，提出来绑定和利益分析等多个平台策略。中国社科院张小宁按时间把平台战略分为进入期、构建期、包围期和创新期，并分别定义为平台进入战略、平台构建战略、平台包围战略和平台创新战略。平台进入战略主要是指企业需要打破壁垒进入市场就需要提出革命性的功能与服务。平台构建战略主要是指维持和建立双边网络，形成网络效应所采取的一系列措施。平台包围战略主要是平台提供者进入新的市场，通过平台绑定的方式分享用户资源利用原有平台的网络效应。产业技术创新方式呈现出以"平台"为中心的特征，系统成员利用技术平台、工具平台或服务平台提升自身的绩效水平。模块化创新是产品创新平台的主要方式。即把产品分解成多个模块，通过模块的创新以达到实现产品创新的目的。

平台看成是产品或服务。我们也可以把平台看作是一种产品或服务（Platform as a service or product），它们把两个不同的用户群体联系起来形成网络，然后通过各种规则（会议规则、实施规则等）和基础构建来促进双方交易。《平台竞争战略》的作者徐晋认为平台（Platform）具有一种现实或虚拟空间，该空间的作用是导致或促成客户之间的交易。张小宁提出平台连接双边市场不同用户群的产品和服务。还有专家认为平台具有特定的端口，通过这些端口，平台可以在一个更大系统中进行资源互补，包括产品、服务、技术等，并通过约束其他组件之间的联系为创造一个多样、可演化的系统创造了可能。微软公司推出的平台型产品堪称典范。以视窗操作系统为例，通过Win95、98、2000、XP等版本的升级，微软公司一步步将厂商与用户引入不断升级的价值网络里，并将其"锁定"在这些技术标准的平台上。网络成员并非无利可图，同样是受益者。因为这个平台较原有的渠道，为成员间的资源交流、转化与创造提供了更完美的空间和环境。当然，微软笑到了最后。在微软开发Windows2000时，至少有40万名顾客为其作测试，免费为微软找错，提供弥补产品缺陷的改善建议。而微软以"海纳百川"的姿态，吸收顾客们心甘情愿的贡献以后，将其创新的结果和改进后的产品卖给对自己有着知识创新贡献的顾客，而获取丰厚的利润。为了形成一个完整的网络，生活中有很多产品和服务是通过把两个截然不同的用户群体连接起来而得以实现的。例如，信用卡与超市、交易市场。网络是一个典型的"双边市场"（或称"双边网络"）产品，它以产品和服务为媒介把消费者和商家这两个群体连接起来。在双边市场当中，提供产品和服务，并将不同的用户群体串联起来的就是平台。平台有时是实体产品，如信用卡；有时又是提供服务的场所，如电商网站。

把平台看成是企业。平台企业通常是双边市场的核心企业，如网上购物的淘宝网或京东、又或红领制衣的酷特智能、再或维基百科。这些企业通过满足双边（及多边）市场的需求，促进双边用户的互利互惠，进而形成特有的商业生态网络。而且随着时代的进步和发展，核心企业在网络中所起到的作用也越来越基础与深远。

与网络成员的地位对比，尽管核心企业对网络成员的影响由直接变为间接，但是实质上影响越加深入，其作用由辅助变为主导。从网络成员对核心企业的接受与合作到"路径依赖"，再到信任与默契，最后心甘情愿的被"网络锁定"，核心企业通过不同的核心能力使自身对网络成员的实质控制逐步增强。在此过程中，客户粘性是平台企业成长关键和竞争优势来源。平台企业要想实现网络效应，确保双边能够为对方提供足够的服务和产品，拥有足够的客户是至关重要的。

平台企业存在很多种类型，可以从不同维度进行划分。Evans从需求的角度把平台企业分为三种类型：即市场制造者（Market maker）、受众制造者（Audience makers）和需求协调者（Demand coordinators）。分别是为了提高交易几率、吸引潜在用户、满足双方需求。Armstrong根据平台用户的归属将平台分为三类：垄断平台企业、用户单归属平台、用户多归属平台，也称为"竞争性瓶颈"平台。第一类是指市场上有且只有一个平台企业，第二类是用户都使用一个平台企业，第三类是用户与平台企业之间是不固定多对多的关系。本文按照成长模式把平台企业分成两类。一个是淘宝网这种类型的，一开始建立的就是平台。我们把这种称为始于战略的平台企业。这一类的企业如淘宝在建设初期就是搭建平台为主的，企业本身并不生产任何产品，唯一的产品就是平台，通过维护平台、推广平台、维系双边来实现企业成长。这是互联网企业的发展方式。另一个是红领，以产品为切口，以服装为端口吸引双边受众来形成平台，我们把这种称为始于产品的平台企业。这一类企业的成长初期始于产品的进化和发展，但是随着产品被越来越认可，就开始围绕产品建立平台，如红领的酷特智能，并通过制衣能力和服装来吸引更多的生产者和消费者。这是传统企业转型的成功方法。

平台更重要的应该是商业模式。应当说，平台型的商业模式最为微妙，颇有道家"无为而治"的经营哲学在里面。因为与其他的商业模式相比，核心企业所建立的价值网络由于其无边界而难以察觉。并且网络成员可以根据自身的利益需求自主的选择加入或离开网络，核心企业只是"全心全意"的搭好支撑网络的平台。

但是，就是这个看似低调的平台，却往往是一种技术标准或是关于客户等关键资料的事实标准（de facto standard），对谁加入网络，谁离开网络有着不可估量的间接的影响力。一方面，市场中每个参与者都依照先后顺序，选择一种效用最大的标准。先前选择某种技术人数的累积增加会增加随后选择该项标准的效用水平，并且在收益递增的条件下，知识集聚的路径依赖（path－dependence）作用会进一步放大，从而对参与者实施无形的"锁定"。另一方面，在这个价值网络里面，供应商之间，供应商与顾客之间的互动并且改变了原有最佳产品和顾客导向的模式，即更多的顾客以更主动的方式加入到产品开发的知识创新中。两者的结果使网络的价值的积累与创造加速增长。

### 3.2.2.1 平台分类

在构建平台和运营平台的过程中，由于对象的不同、需求程度的不一致，平台表现出了不同类型，很多学者对此进行了归类。哈佛大学的 Baldwin 和 Woodard（2008）认为平台分为技术平台、产品平台和双边平台。徐晋将平台按照开放程度、连接性质、功能来分类。其中按开放程度分为封闭、开放和垄断平台，开放程度的判断基于对后来者进入的态度、市场占有率等；按连接性质分为纵向、横向和观众平台；功能分类分为需求协调者、观众制造者和市场制造者，其中需求协调者主要制造网络效应的商品与服务；观众制造者重点关注观众和广告商的匹配；市场制造者促使不同市场方进行交易。张小宁从企业内部平台的演变分为供应链、产业和多边市场平台。本文则尝试依据网络效应来进行分类，因为网络效应才是平台发展的驱动力。

### 3.2.2.2 平台的网络效应

平台存活和发展的根基是网络效应，它主要是受网络外部性影响的（Shy, 2011）。平台战略模式就是以多边群体下互利互补所激发的网络效应为基础的。网络外部性是一种特定消费过程中的互存性或依赖性，即一个用户在某个网络中获得的效用取决于同一网络中使用同一服务的用户数量。网络效应根据效用的接受方分为同边网络效应和跨边网络效应。同边网络效应是指某一边的用户数增加会影响同一边用户的效用。譬如网络游戏中现有玩家的数量越多，往往潜在加入者越多。因为对于潜在玩家,现有玩家数量越多,游戏的效用也就越大。跨边网络效应是指一方平台用户数量的增加会影响另一方群体的效用。例如滴滴打车、饿了么这些服务平台均是如此。消费者的数量对于服务商来说是效用的增加,而服务商的增加又反过来增加了消费者的效用。根据效用的作用对象分为直接网络效用和间接网络效用。直接网络效应是指消费者对于产品价值的直接影响。譬如一个新的游戏玩家对于游戏本身的价值而言是有正效应的。间接网络效应是指产品或服务的产生会造成互补产品或伴生产品的增加,从而进一步提升产品价值。例如网络游戏的发展必然促进如电影、动漫、小说、玩具等衍生品的开发,而衍生品的开发又反过来提升游戏的价值。暴雪出版的游戏"魔兽世界"正是如此,在过去的几年间魔兽世界的玩家超过1亿,与此同时关于魔兽世界的小说、角色玩偶甚至评书大为畅销,这也让很多小说读者、评书爱好者了解了魔兽世界,使游戏"魔兽世界"的价值得到了明显提升。可见在网络外部性的作用下,网络效应已成为网络平台战略的主要动因。本文以网络效应为分类标准,把平台分为直接同边平台、间接同边平台、直接跨边平台和间接跨边平台四类。如下表:

表 3-2 平台分类

|  | 直接网络效应(案例) | 间接网络效应(案例) |
| --- | --- | --- |
| 同边网络效应 | 直接同边平台(网络游戏) | 间接同边平台(网络游戏) |
| 跨边网络效应 | 直接跨边平台(滴滴打车) | 间接跨边平台(去哪儿) |

资料来源:作者总结

网络效应也是平台方的行为依据,平台方的很多行为都可以用网络效应来解释。首先,平台的定价需要考量的因素很多。作为定价方的平台提供者,如何选择合适的定价策略对于平台双边用户的增长和支付意愿都会产生一定的影响。用户可分为"补贴方"和"赚钱方"。为前者提供补贴确保用户的增长,靠后者来赚钱维持平台的运营是平台提供者的惯用手段。若平台想要取得立竿见影的网络效应,首当其冲则是要吸引大量的补贴方用户,故补贴方享受低价格成为必然,反之,对赚钱方征收较高的费用。在这过程中,网络效用是主要的判断依据,当网络效用不足以驱动受众参与的时候，就需要进行补贴，通过补贴来弥补网络效用不足的情况。而当网络效用足够驱动受众行为时，补贴就会慢慢消失。其次，网络效应能促进合作。赢家通吃造就的网络效应，使得双边网络的两个用户群体互相吸引。用户是愿意为更大的网络支付更高的价格的，因此，形成了用户基数越大，平台利润率越高的良性循环。这种由规模扩大带来的收益递增现象，虽然鼓励了合作共赢，但也会滋生"赢家通吃"经营信条。那么到底是和竞争对手共享平台，还是和竞争对手杀个头破血流。如前索尼公司（Sony）发起的 Betamax 录像带标准之战，毫无疑问是一个错误的典型。反之，如果竞争对手共享平台进行合作，网络外部性的作用会成倍增长，合作双方获得的效用一定比合作前的时候多；相比之下，合作比竞争更具优势。

## 3.2.3 场景

"场景"（scene；spectacle；sight），本来是一个影视用语，原意是指小说文本、戏剧、电影中的场面，也可以泛指情景（conditions；circumstances；context）。即指在特定的时空内发生的特定行动任务或由于人物关系所构成的具体生活画面，它是根据人物行动和生活事件表现剧情内容的具体发展过程中阶段性的横向展示。单就影视作品来说，是指在一个单独的地点拍摄的一组连续的镜头。从影视作品或小说的角度讲，正是不同的场景组成了一个完整的故事。而场景一词运用到互联网商业模式中，至少有两层含义：一是场景是指在特定时空内发生的企业或客户行为，或者因企业与客户的关系所构成的具体画面，在场景这个特定过程中，企业或客户通过行为来体现商业模式。二是泛指移动互联网商业模式中特定的情景，这种场景令人难忘，往往会触发人们的某种行为或情感的宣泄。

在传统工业经济时代产品更注重的是质量和功能。而互联网时代，优秀的产品除此之外更注重需求。而人的某些需求，要在特定的场景下才会被激发出来，找到这些场景，就找到了机会。比如，香港经常下雨，阴雨天人很压抑。有家航空公司就利用这个心理，用防水喷漆在地上写了个广告，这种广告平常看不到，只有下雨天才能显现："下雨太烦人？快扫二维码，来菲律宾享受阳光吧"，在雨天这个场景下看到这么个广告,就容易促动人去旅游的需求。而消费者的需求的汇集形成了消费者的偏好,在偏好的作用下形成社群,譬如爱去旅游的人被人统称为驴友,爱苹果手机的人被统称为果粉,形成了一个个粉丝群;而成功的厂商往往会此时为相应的社群提供对应的平台,所以可以说平台就是由场景所促发的。场景是针对需求端的情感和偏好。互联网时代企业是基于需求端视角发展的,讲究的是消费者协同,消费者的重视程度空前,可以说,互联网时代,消费者的偏好与情感对于厂商来说是组织学习的重要知识部分,场景正是迎合了消费者的异质性偏好而独立,利用丰富的场景与产品的拼凑满足消费者瞬息万变的需求。所以互联网时代的连接战略中将场景作为连接的元素独立于内容之外进行频繁利用,许多厂商组织纷纷加强对场景的布局。比如,一些国有银行、保险集团和电力能源、交通运输等企业纷纷建立了自己的电商平台,人们不难发现产品加上了场景,成为了一个个商业模式的解决方案。今天许多与客户生活的具象场景相连接的商业模式出现了,并正在不断推出。像社区001、爱鲜蜂的优势是生活优选和社区便利,便利就餐与美味结合成就了到家美食、叫个鸭子,人格买手加知性生活的效应造就了罗辑思维……,以上总总说明将生活方式和场景粘合能造就一种新的经济生活现象、一个成功品类、一个商业模式。

而在市场营销领域,国际上近来流行对于场景化营销(contextual marketing)的讨论,所反映的是强调移动互联网商业模式要集中于移动端场景化应用的研究,即对O2O情境或场景的研究。严格地说,场景化营销并不是今天才提出来的,早在2000年,美国市场营销专家David Kenny和John F. Marshall(2000)就在《场景营销》富有远见地指出,在未来的世界中,互联网(Ubiquitous Internet)将无处不在,场景营销就是"在消费者需要的时刻,提供他们所需要的信息"。就如前面我们提到的香港雨天才能看到的旅游广告。因此,我们可以推论:移动互联网商业模式的真谛就是"在正确的时间和正确的场景,为消费者提供正确的信息,并促成交易的实现。"商业场景并不仅仅是提供信息,而是营销人员随时随地的与消费者接触。

场景具有很多独特的特质。企业加强了对场景的利用,这与场景的特性有密切的关系,由于消费者的需求偏好并非一致不变的,它具有异质性且多变。即使存在对消费者偏好的了解,而企业以往的商业手段已经很难紧跟消费者偏好变更的脚步。场景的特性主要表现在四个方面。

(1) 嵌入性(embedness)。场景拥有很好的嵌入性,常常能嵌入多款产品中。即使同一款产品,也可以置于多个场景之下。以最简单的咖啡这个产品为例,在截然不同的场景中,咖啡这个产品可以演变出五花八门的商业模式。例如,星巴克和COSTA是咖啡与商务的结合;咖啡和闲聊造就了漫咖啡、咖啡陪你;边喝咖啡边看书的典范有字里行间、雕刻时光;方所、单向空间是咖啡与思想的产物;连咖啡主打的是喝咖啡的便利性。场景的嵌入性让产品更易满足顾客的需求,从某种程度上来说延长产品的生命周期,甚至让产品获得了"第二次生命"。而这种嵌入性使得企业更多是关联性维度的改变而非结构性维度的变化,让组织学习内容制度化(institutionalizing)的难度降低了不少。

(2) 可感知性。组织学习中认知和行为的关系一直是非常紧密的。Brown 和 Duguid 以及 Crossan 等人指出认知指导行为,行为影响认知。客户或客户群体在生活中多次接触多次感受的场景,不仅在他们脑海里留下了感知和记忆,而且打上了他们的情感烙印,是受到他们思维加工的场景。当顾客遇到了匹配的场景,所能感知到的价值是极其高的。客户或客户群体一旦进入具象场景阶段,客户或客户群体往往是情不自禁的,甚至是如痴如狂的,带有很大的不自觉性,很少受抽象思维的控制。毫无疑问,一个产品的一旦被消费者感知了,其"被感知的使用价值"也会有大幅度的提升。

(3) 有退出机制。拥有场景的产品与以往产品相比它最大的优势就是它的场景是可以替换的。换而言之,就是场景有良好的退出机制。当一个场景被顾客习惯乃至厌烦的时候,企业就会利用退出机制更换新的场景。一方面延续了产品的生命,另一方面满足消费者偏好,保留了顾客群体。

(4) 即插即用。场景往往具有即兴的作用,即没有感知的滞后性,能够立刻满足消费者的需求。

正是由于场景的特性满足了消费者碎片式的偏好需求,通过拼凑开发出资源的新维度和价值。与此同时，对于厂商自身而言，场景还在不断修正组织的偏差，西蒙认为组织学习只有两个办法：（1）由现有成员学习（2）引入有这方面知识的新成员。所以，能被不断更新的场景增强了组织的组织学习效应。

　　场景是连接和跨界实现的必要因素。在连接来说，场景往往由消费者主导的，消费者根据自己的喜好用脚投票，参与偏好的场景甚至自主的将场景与产品连接起来。例如消费者常常会在咖啡厅或者茶吧看书，久而久之喝茶休闲看书一体化的茶吧就诞生了，而顾客的消费使得这个模式得以延续，成为一种商业模式。而在跨界中，场景往往是由企业主导的，消费者并未从开始就感知到自己的需求，此时场景起着决定性的作用，好的场景下跨界可以颠覆原有生态环境，占领蓝海。2014年春节的微信红包利用红包这一中国人传统习俗的场景改变了移动支付格局，影响甚远，如今微信红包显然已经为腾讯在移动支付市场开疆拓土。这对移动支付领域的霸主支付宝来说无疑是当头一棒，"偷袭珍珠港"——是马云对于微信红包快速崛起的生动比喻。腾讯正是凭借自己社交产品的优势，利用了春节习俗这个场景，实现了向移动支付的跨界。更著名的是 iPhone 的诞生，苹果利用了高科技——手机触屏这个场景，实现了向手机市场的跨界，成为业界翘楚。可以说，企业正是通过场景维系消费者之间的关系，才实现的连接和跨界。

　　场景充分利用了闲置资源，拓宽了资源的使用范围，提升了资源的价值创造能力。场景之所以能在互联网时代独立于内容之外，得到如此多的重视，是因为它激发了更多的资源价值。在战略管理领域中，"资源"是研究企业竞争能力的一项重要分析工具（Peteraf，1993）。新资源基础观下的拼凑战略不仅注重"使用中的资源"，而且重视"闲置资源"。在 Baker 和 Nelson（2005）看来，闲置资源是一种"未开发的资源"，在相当长的一段时间以来，企业都没有思考闲置资源的来源，以及如何对其进行利用。Drucker（1985）提出："在人类发现并认识到资源的具体用途和其价值后再谈论资源才有意义。就好比在我们认识之前，植物就是杂草，矿物只是石头而已。"正因为此，"闲置"并非一成不变，它是一个相对的概念，所以从某种意义上说，闲置资源可以理解为尚未被开发完全的资源，依然存在尚未发现利用这种资源的可能性，也就是发现资源的多重应用。

场景拓宽了资源的适用范围。资源适用范围的拓展往往伴随着第二次资源价值创造。在过去二十年的资源基础观中，企业资源的价值是由外界所决定的，资源的诸多维度的界定来自于供应端。这点是包括 Barney 在内的诸多学者的一个重要共识。这就意味着资源基础观作为一个独立理论必须依赖引入需求端的其他理论才能形成一个完整的和可操作的战略管理理论（Arend & Lévesque，2010）。例如其中一些资源基础观导向的研究学者尝试去利用企业定位观点（positioning perspective）来决定资源价值（e.g., Barney，2002），但是定位观点不能通过它自己帮助资源基础观内生价值创造；在那样的情况下企业资源的价值依旧无法决定或可能需要通过该战略领域以外的理论来帮助确定。这个外生性问题如今可以通过将消费者异质性纳入战略管理的范畴里来解决。新兴的需求端观点能在战略框架中确定资源的价值，并补充现有的资源基础观和企业定位观（e.g., see Schmidt & Keil，2013）。企业的资源和战略能够帮助消费者获取（或共同创造）更多的价值。价值创造作为消费者体验收益的形式，它确定了企业价值系统所应获得的回报以及企业资源与策略的价值（Priem，2007）。所以企业资源的价值是看它们对于增加消费者效用的贡献。很显然，消费者效用并非资源价值的另一种表达方式（tautological with resource value），它代表着一种新的维度与资源价值，并且能整合到战略管理的重要问题当中去（Adner & Snow，2010；Adner & Zemsky，2006；Priem，2007；Ye et al.，2012）。产品或资源通过场景与客户或潜在客户的需求紧密结合，被不同需求的客户所接受。如网络订车与出租车合作成就了滴滴打车，网络订车与专场合作出现了一号专车。反之在同一个场景，与不同的产品相结合，也可以满足不同客户需求，例如运动与游戏在一起产生了任天堂的 Wii，运动与音乐在一起产生了 Dr. Dre 耳机，运动与科技在一起产生了小米手环。场景被用户选择、被重新定义，在实现消费者效用的同时创造新的价值。

在资源的多重应用方面来看，传统资源基础观注重资源的异质性（heterogeneity）以及不可移动性（immobility），但却忽略了资源的组合性，对于资源组合的价值创造作用不够重视。例如在传统资源基础观探讨新产品开发的研究中，往往局限于探讨市场面的商品效果（Verona，1999），重视"功能""介面设计"与"美观"等因素,但却不重视闲置资源在资源组合的作用(Ulrich & Eppinger, 1997; Rindova & Petkova, 2007)。严格地说,资源组合属于一种创新组合,通过与资源不同维度的结合产生新的价值,包括与需求端的结合。对于战略或创业方面的学者而言,需求端的研究并不新鲜。Penrose早在1959年就认为企业成长当他们开始关注消费者。但消费者的偏好往往是一种隐形知识(tacit knowledge),在工业经济时代由于缺乏有效的手段,所以既难以外化(externalization)也不易察觉。然而到了互联网时代,随着大数据技术的普及、Hadoop的应用,使得消费者偏好可量化,针对消费者的偏好由隐性转显性的互动场(Interacting Ba)变得普及。可以说对消费者的重视和洞悉使得企业组织学习的范围扩大了。越来越多的学者开始认同Penrose对于企业提供资源和服务重要不同的评价(e.g., Kor et al. 2007, Augier&Teece2008),那就是同样的资源能提供不同的服务,而这些不一样的服务能有差异的增加企业或消费者价值创造的效率。例如Nike公司研发的运动手环具有记录数据并传递信息的功能,用户可以通过手机APP与好友分享的场景,这无形中丰富了用户体验,并且为跑步这项古老而又相对枯燥的运动创立了全新的社交属性。毫无疑问跑鞋在与这个场景结合的过程中创造新的价值。

场景提升了产品粘性。场景的出现表明,厂商组织逐步意识到,传统的竞争武器——无论是产品差异化还是服务的差异化,已经不能凸显厂商的独特性,也无法凸显厂商竞争优势的隔离效应(Isolating effect)。厂商发现,他们的产品已经与场景融合为一体,单纯依靠产品或服务本身来实现差异化,已经变得越来越难。戴维奥格威(Ogilvie)提出过3V理论,分别是指可视性(Visibility)、速度(Velocity)和粘度(Viscosity)。其中粘度指的是网络成员间或厂商与顾客之间信息沟通的深度与广度。这些特性能提升消费者对于产品的忠诚度,抑制了顾客在同类产品中消费兴趣的转移。如今的爱奇艺、优酷等视频门户网站,喜马拉雅FM、蜻蜓FM等音频分享平台之所以要做自己的节目也有这方面的考虑,需要有不同品位、风格的场景去锁定对应的受众群。不过,这种粘性往往只局限于平台性产品,而非所以产品中。场景成了虚实交互融合的核心,网络人群视之为生活的意义所在。场景的划分如同智能化的黑洞,紧紧吸住大量的受众,又屏蔽着偏好不同的人。

## 3.3 网络经济商业模式的理论分析模型

### 3.3.1 网络经济商业模式的内在机制

#### 3.3.1.1 网络经济商业模式的价值创造机制

网络经济商业模式的价值创造机制是指互联网时代价值网络下价值创造活动的工作原理。在讨论价值创造时，以往的学者往往使用的是 VPC 理论架构（value-price-cost framework）（Lepak et al.，2007），其中 V 代表"使用价值"，即用户所认知到的利益（perceived benefits），也是使用者的支付意愿（willingness to pay）。一般来说，V 是指使用者愿意将他们所认知的利益转化为可支付的价格（Peteraf & Barney，2003），所以使用价值属于用户主观的判断。VPC 理论架构的 P 为价格，也是前面所说的交换价值，C 则是卖方或供应者的生产成本、经济成本或机会成本。然而传统 VPC 架构仅从厂商角度来考虑消费者的利益，所讨论的"价值"，并未真正认知到消费者的使用经验，以及未来"价值"的变化。在互联网时代，厂商与消费者共同参与设计（co-designing）、生产（co-production）与创造的活动与服务，已经成为经济生活的一个常态，厂商与消费者交互影响了整体价值的创造（Priem et al.，2013）。因此，为了兼顾整体价值链（供给面）与消费者（需求面）的考虑，互联网时代的价值共创是与工业经济时代的价值创造有所不同。价值不仅只是累加（added）到原有的价值（即附加价值）上，而更应与价值网络的成员、特别是消费者相互创造（mutually created）或再创造（re-created）价值。价值创造不再只是线性与过渡性（transitive），而是共时性（synchronic）与互动的过程（Ramírez，1999）。也就是说，网络经济商业模式的价值创造机制本身就是一种过程，将整个价值网络包括消费者视为一个生态系统（ecosystem），不仅包括价值网中所有成员如焦点厂商、供应商与竞争者间的互动，更需要涵盖与消费者间的互动。

## 3.3.1.2 网络经济商业模式的隔离机制

隔离机制是企业为了维护自身利益,避免自身竞争优势被削弱,实现价值专属和获取的一种工作方式。企业主要是依赖竞争机制和隔离机制去实现价值专属和获取。竞争机制是企业通过与其他企业竞争中形成的自身优势来获取价值的一种方式。在网络经济商业模式的价值共创下企业是以商业社群生态系统出现的,企业、消费者、供应商之间通常是竞合关系,很难划分竞争对手和合作伙伴,在这种情况下,企业很难通过竞争机制确保实现价值的专属和获取。而隔离机制则是企业凭借其差异化特征来阻止其它企业进入该行业,以此保证价值的获取。由于市场的容量往往是巨大的,一家企业的实力再强大也无法和整个行业相抗衡,所以隔离机制是实现价值专属的主要工具。

## 3.3.1.3 网络经济商业模式的治理机制

治理机制指的是价值网络中的协调机制,完备的治理机制可以降低价值网内企业的投机概率、促进企业间合作和维系整个价值网络的稳定,其中形成的规范组成了组织间的界面规则。

焦点厂商如果想与供应商、其他利益相关者等共同经营的价值创造活动,或通过本身所拥有的独特资源,能比其他竞争者创造更高的价值,以达到竞争优势的目的,且可以在所创造的价值中,以获取或专属应有的价值,这本是无可厚非的。但通过上述各价值活动创造出来的竞争优势,并不一定确保焦点厂商可以得到较佳的绩效(Coff,1999)。这就是说,价值创造并不一定可导致价值获取或价值专属(Ramírez,1999)。因为价值获取主要取决于焦点厂商与其他利益关系团体彼此间的议价能力,进入互联网时代,议价能力对于价值分配的作用受到了质疑,这与价值中的角色身份的模糊性有直接的关系,价值基础商业战略包含了三个参与者:供应商、企业、消费者。在传统工业时期,价值链中三个角色的身份(identity)相对是明确的。在分配时,消费者剩余(Buyer's Share)为支付意愿(willingness-to-pay)减去价格,企业所得(Firm's Share)为价格减去成本(Cost),供应商所得

(Supplier's Share) 为成本 (Cost) 减去供应商的机会成本 (Supplier's Opportunity Cost)。但是当互联网时代来临，自媒体、自营销的到来，供应商、企业与消费者之间的角色身份变得模糊了。例如，小米手机很多的修改就是来自米粉的需求。米诺奇开发"乐奇足球"软件的很大原因就是因为其创始人邱秋喜欢踢足球。消费者与生产者的身份可以在同一个人身上不停的转换，所以当进行价值分配，完成价值获取时，以往的议价能力很难出色的完成任务。这促使议价的思路必须发生改变，而社群正是在共同创造 (Co-creation) 价值的基础上营运而生，将以前的议价的竞争博弈变成合作博弈。即不再划分生产者和消费者，而是共创价值、共同分享，建立利益共同体。

综上所述，网络经济商业模式的治理机制已经发生了改变，以往的协调标准如资源和能力被信任和意愿等要素所取代。价值网络利用意愿作为博弈的边界，区分价值获取对象。所以价值专属需要考虑焦点厂商在既定的价值共创战略的主旨下，在分工原则下个别活动者对于共同专属化的投资 (co-specialized asset)，能否建立适当的治理机制 (governance mechanisms)，以保护企业应得的价值。需要注意的是，上述的价值共创战略并未链接外部市场变化与消费者偏好，而仅从供应面的考虑而忽略动态环境的竞争与创新。

### 3.3.1.4 网络经济商业模式机制间关系

Brandenburger and Stuart 把价值基础理论分成了两个阶段，首先是创造阶段，这个阶段主要是利用技术和生产力创造价值，在这个阶段发挥作用的主要是网络经济商业模式的价值创造机制。然后是博弈阶段，这个阶段是对价值剩余进行划分以实现价值获取，规范价值网络的投机行为，激励企业的发展，这个阶段一方面通过治理机制协调价值网络对价值的分配，降低投机行为，激励创新；另一方面强调企业自身利用隔离机制保障价值的专属。

价值创造机制是网络经济商业模式的起点，没有价值创造机制网络经济商业模式就不会产生，治理机制和隔离机制也就不会出现；治理机制和隔离机制是网络经济商业模式继续的保证，只有合理的治理机制和完善的隔离机制才能确保网络经济商业模式的价值创造机制继续运行。

治理机制和隔离机制是实现价值的两个方面，治理机制是从整个价值网络的着手合理分配价值，隔离机制是强调每个生产者去维护自身的价值实现。在价值共创的前提下，整个商业社群生态系统需要有合适的界面规则去促进价值分配的公平，而对于企业个体而言，隔离机制是企业确保获取价值的最后屏障。治理机制和隔离机制互相补充，互相制约，共同完善。仅仅是有治理机制的存在的价值网络是极其脆弱的，一旦治理机制存在漏洞就有可能出现价值滑动，损坏某些企业的利益，抑制企业合作积极性；仅仅拥有隔离机制没有治理机制会让企业利用隔离机制在价值网络中坐大，危害其他企业的利益。

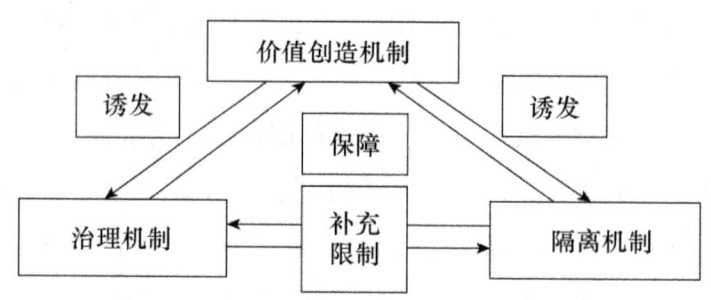

图 3-1　三种机制之间的关系图

综上所述，价值创造机制诱发了隔离机制和治理机制，隔离机制和治理机制保障了价值创造机制，隔离机制和治理机制之间相互补充、限制。当三者之间达到平衡时，说明网络经济商业模式的运行也就进入常态化，整个理论框架趋于成熟。而当其中任一机制出现了问题，就有可能导致商业模式发生变革。例如治理机制的弱化可能会打破网络经济商业模式下企业间的竞合关系，更趋于各自为政。甚至这些商业模式变革意味着当前网络经济商业模式的理论模型已经不复存在，而这是一个可以继续研究下去的课题。

## 3.3.2　网络经济商业模式理论模型

在本文看来，网络经济商业模式的维度和机制构成了网络经济商业模式，随着新维度的产生，也就产生了符合网络经济商业模式的机制。于是本文可以得出文章的概念模型图（见图 3-2），在这个理论模型中本文得出了网络经济商业模式的本质，也就是所有网络经济商业模式的内在特征。在这个模型中，结构性维度是网络经济商业模式的内生性变量，连接、跨界和界面是网络经济商业模式的内在特征，是网络经济商业模式形成机制的内在原因，关联性维度是网络经济商业模式的外生性变量，社群、平台和场景的强弱影响着网络经济商业模式形成机制的效果。而价值创造机制、治理机制、隔离机制是网络经济商业模式的运行机制、表现形式、和工作原理。

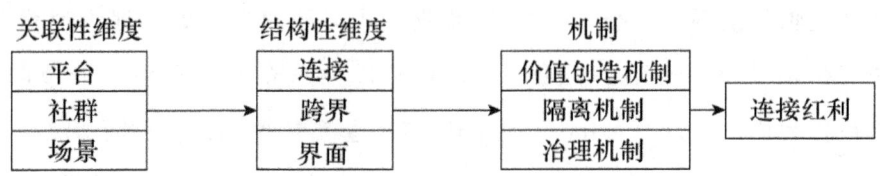

图 3-2 概念模型图

本文认为，价值网络如果符合网络经济商业模式的理论模型，应该具备以下的特点：

第一，具有整合共有专用性资产（co-specialized assets）或互补性资产（complementary assets）的能力。共有专用性资产或互补性资产，意味着整体价值网的资产、资源与能力可能彼此绑在一起，无法分割。而这一资产的价值将取决于焦点厂商能否结合其他资产，发挥出这些资产的最大功效。例如，iTunes 之于 iPod 就结合了跨领域专家间的专业知识等。

第二，具有构建商业社群生态系统的能力。与传统商业生态系统不同的是，网络经济的商业生态系统不仅是厂商组织间的商业生态系统，而是厂商与消费者之间所构建的商业社群生态系统。它的根本价值，在于实现了社群中不同层次消费者的价值主张与价值满足。在它的构建过程中，首先必须要有好的产品或服务来聚合消费者，然后通过社群来实现沉淀和维护关系。在这里消费者聚合与消费者沉淀是同一过程的两个方面。因为用户的深度参与和互动，构成了社群的价值界面，共同价值主张和兴趣成为价值协同的基础，使用户得以留存，最后形成了深度联结的用户群，才有了定制化的 C2B 模式，最终变现了流量价值，成为了 business2.0。

第三，具有促进消费者从被动接受到转变为主动参与的能力。消费者已不再仅仅是进行价值交换，而是参与到价值创造的过程中进行价值协同和价值共创，消费者参与所有的创造环境，甚至有时消费者也是生产者。他们更愿意参与到产品从无到有所有环节——从研发到设计、制造，希望获得自己真正喜欢的产品，而这种迎合消费者异质性偏好的产品往往就是需求的长尾。这种需求将始终存在，那个厂商能够满足整个需求，其生存能力和盈利能力就越强。这需要企业具有足够柔性和市场细分的能力，以及快速的市场反应。这样才能够更好地为消费者异质性偏好服务，满足数量众多的利基市场，企业所占有的市场份额同样可以和那些热销产品相媲美。在此逻辑下出现了C2B、C2M等商业模式类型。为了更好地为消费者服务，供需双方的价值协同（value synergy）取代了以往从企业到消费者的单向价值传递，同样被称为价值互动（value interaction），也就是说，厂商的品牌，已经转化为社群的品牌，用户在一次次价值互动中完成的体验。小米之所以强调参与感，就是为了更好的实现双向价值协同。让顾客参与创造过程，在互动中形成的品牌更容易受到顾客的认可，随着互动群体数量的增加，产品的价值也获得积累和提高。

应当注意的是，赋予了社群关系属性的品牌，是一种厂商与消费者共有的专用性资产（co-specialized assets）。厂商如果能抓住利用这种共有专用性资产的机会，并将这一共有专用性资产机会结合到整体价值网的创新过程中，就可以大大提高厂商与消费者共创价值大饼的能力与优势（Pitelis & Teece, 2010）。焦点厂商是否可获取更高绩效的来源，将取决于其能否在共创价值中获取或专属自己应得的利益。也就是说，能否在厂商与消费者共同构建的价值网中获取这一共有专用性资产机会的价值与利益（capture co-specialization benefits）（Pitelis & Teece, 2010）。

尽管互联网时代存在着多种不同的商业模式，而且由于"赢家通吃"、报酬递增等网络经济的特性使然，这些模式被复制的难度很大，但是，企业家可以利用网络经济商业模式的理论模型，结合本企业的特点和环境调整其中的维度和机制的强度，来设计自己需要的网络经济商业模式。

## 3.4 本章小结

本章对商业模式的变革以及网络经济商业模式的特征和维度进行了描述与分析，勾勒出互联网时代商业模式的新图景。在网络经济下商业模式的盈利方式发生了改变，商业模式的可复制性降低，尤其是以往重要的营销渠道和传播渠道被自媒体和社群取代，而如今网络经济商业模式强调连接，强调跨界经营，利用场景连接顾客以建立社群，这些都是网络经济商业模式的变化，也是我们认识网络经济商业模式的开始。

# 第4章 网络经济商业模式的价值创造机制

价值创造是商业模式的重要变量和内在动因。王雎（2011）认为企业之所以需要商业模式就是为了整合企业内外部的创新资源来创造新的价值。Linder（2009）等认为商业模式就是组织或者商业系统创造价值的逻辑。商业模式只有引导企业在现有商业框架下找出生存利基，不断创造新的价值才能确保企业的生存发展和良性循环。

人们对于价值创造的理解起初是从供应端了解价值创造的作用开始的，他们从静态与（后来衍生出的）动态两个层面来看价值创造的观念。静态层面主要是从企业的供给或需求端的价值创造设计经营模式，其中有人们耳熟能详的诸如来自供给（或需求）端的规模经济（economies of scale）或范围经济（economies of scope）。动态层面来看价值创造强调的是"创新"，价值创造的主要驱动因子来自创新（Amit & Zott，2001；Jacobides，Knudsen & Augier，2006）。随着网络经济时代的到来，越来越多的学者，注重从需求端去认识价值创造，意识到价值创造取决于目标客户对于产品价值的主观认识（Lepak，D. P.，K. G. Smith，and M. S. Taylor，2007）。这是价值创造的必要条件。而价值创造的充分条件是这种主观的价值认识还必须转化为客户的消费意愿，即实现交换价值。

## 4.1 网络经济价值创造变革

在工业经济向网络经济演化的过程中信息特性的变化对其产生的影响最主要表

现在两方面：一是信息资产创造的"价值"大大提高，正如 Richard L. Brandt 在"雅虎法则"中所说：尽管雅虎的盈利与投入并没有达到传统企业的标准，但只要继续维持就可以获得源源不断的资金流入。明确指出了网络经济时代信息资产与财富价值之间的内在关系。信息资产已经成为网络经济下财富价值体系的重要组成部分。二是信息特性发生了变化，信息的流动变得极为活跃，信息需求的方向变得日趋发散，信息的流向正在从定向朝着不定向演变。这种变化正在改变或者带来其它的变革。具体表现有以下几点：

第一，信息的活跃必然引起数据的井喷式增长。随着大数据分析技术的出现，数据的挖掘和分析能力的提高，将帮助企业组织利用相关数据和分析改善经营和科学决策等等。

第二，信息资源的超强渗透性，使其广泛深入地渗透到经济活动的方方面面，传统价值链已经无法束缚信息的传播路径，很多依托信息不对称而生存的价值链上下游将失去隔离屏障，必然导致商家经营思路的改变和产品、服务上的变化，从而促使企业内部结构变化。

第三，打破了信息不对称所带来的交易结构中的黑箱，市场的透明度大大增加，消费者对于市场的了解程度大大加深，必然引起消费行为的改变，促使企业更加关注消费者的需求，并对企业价值创造相关的营销渠道、顾客观念乃至价值主张等等产生影响。

## 4.1.1 载体变革

### 4.1.1.1 工业经济时代价值创造的载体——"价值链"（value chain）

1985 年，Porter 在《竞争优势》一书中首次提出了价值链的概念，Porter 认为价值链是对增加一个企业的产品或服务的实用性或价值的一系列作业活动的描述。在工业经济时代，"价值链"（value chain）是价值创造的载体，企业的价值创造是通过"价值链"（value chain）上一系列活动构成的。Porter 引入"价值链"（value chain）的初衷是为了用于理解企业竞争优势。在他看来"价值链"（value chain）

可以囊括链上组织所有的活动，价值链上的任一价值活动都会影响企业所实现的价值。从设计到生产再到销售和发送。这其中大部分的活动构成了厂商组织的价值创造，它们的集合演绎了创造价值的动态过程。

1993年Peter Hines在Porter价值链的基础上将价值链的范围进行了扩展，把企业外部的原材料和顾客囊括到价值链系统中。另外，Peter Hines对价值链的定义是来自价值实现的最终目标这个视角。从消费者偏好的满足看作企业生产的目的而仅仅把利润当作理所当然的附加回报。这是与Porter定义的以追求利润为目是截然不同的。

工业经济时代，绝大多数经济活动离不开价值链。价值链不仅存在于上下游企业之间，也存在于各个企业内部单元以及它们的联系中。所以企业创造价值的方方面面都受价值链上价值活动的影响。

随着网络经济时代的到来，Porter"价值链"（value chain）的最大缺失被显现出来，它没有把"虚拟价值链"与"实体价值链"结合起来，所以它无法产生以网状形式发散的动态活动，仍处于趋于静止的固定路径的线性活动。而网络经济下价值产生是通过网络交易，原始信息通过联网转换成商品，并提供用户价值，这是实体价值链所无法完成的。

### 4.1.1.2 网络经济的新载体

互联网时代价值创造的载体发生了改变。由价值链转变为价值商店（value shop）与价值网络（value network）两种价值经营模式（Stabell and Fjeldstad，1998）。这两种经营模式分别基于平台和社群这两个载体，其中价值商店是以平台为载体的，而价值网络是以社群为载体的。价值商店的价值创造模式是针对特定顾客的问题来提出方案并进行解决的。苹果公司在生产iPod的时候就认识到，顾客购买iPod并不是仅仅为了这个音乐终端，顾客更需要的是里面美妙的音乐，于是苹果提供iTunes给顾客下载音乐，解决了顾客有关欣赏音乐的一系列问题。同时将这个平台开放给音乐公司，为音乐公司提供了新的盈利模式。价值网络是利用技术连接用户，推动企业与用户之间的价值协同来共同创造价值，如小米手机，提供顾客参与进来一起设计手机功能和提出使用感受。而这些参与其中的顾客也就成为了小米手机的坚定消费者，并经常在贴吧、微博上为小米手机点赞和推广。

价值商店和价值网络与工业经济时代的价值链的最大区别是它们考虑了动态网络的经济活动，实现了虚实结合。先在网络经济在虚拟价值链的价值产生系通过网络交易，原始信息通过互联网转换成商品，并提供用户价值。此外价值链是通过供应端视角来运行的，它通常考虑的是企业的资源，而价值网络和价值商店是从供应端和需求端两方来考虑的，更多的关注了用户需求。正如德鲁克（Drucker，1954）所说，现代商业的本质是创造顾客。因为顾客是价值的来源，好的商业模式是以增加顾客存量为前提的。

平台与社群作为价值创造载体的不同在于前者满足的是消费者需求，本质上就是社会冗余（social slack），而后者满足的是消费者偏好。两者之间的区别是消费者需求没有固定的偏好。平台是在双边市场下根据社会冗余连接另一边的市场，在提供连接后创造自己的价值。由于没有某种特定偏好的束缚，平台的价值商店模式可以尽可能地拓展市场的广度。但是对于任一消费者群体来说，无法在这种模式中寻找到认同感，所以客户粘性较差。正因为此，价值商店模式往往是在便利、内容丰富、价格优惠上做文章，力图通过价格和多功能来消灭其他对手。社群是消费者同一偏好的集合，它有且只有一种价值取向。在社群的价值网络模式中，其他偏好的产品是无法创造价值的，所以相对来说影响面较窄。但消费者能在社群中找到自我兴趣或价值，对于社群有很高的认同感，即使竞争对手具有价格或功能性的优势很难起作用。

## 4.1.2 方式变革

互联网颠覆了价值创造的方式，网络经济商业模式更强调价值共创——连接包括顾客在内的各方进行合作是网络经济商业模式的价值创造方式。价值创造有两种手段或战略：一是"竞争"逻辑，二是"合作"逻辑。"竞争"，按照产业组织学派（industrial organization）（Porter，1980）、资源基础观（resource based view，Barney，1991）以及动态竞争（competitive dynamics）（Chen，Smith & Grimm，

1992）的论点，竞争是指在相同（似）资源（包括要素、市场与经济租金等）的竞争角逐中，超越（outperform）竞争对手，获取经济租金；而"合作"是指合则两利（Gulati & Wang，2003；Hansen et al.，2008），或借用博弈理论的说法，这是双赢（win-win）的博弈（Chatain，2011），因此不会有经济租金的竞争角逐的现象。

工业经济时代，价值链更强调竞争，1985年Porter在《竞争优势》一书中明确把价值链作为分析竞争优势的基本工具，强调利用资源或科技上的优势来超越竞争对手。与此同时，价值仅在价值链中创造。厂商组织的价值创造是通过价值链上的基本活动（生产、后勤、销售）和辅助活动（技术开发、人力资源）完成的。

在互联网时代，价值是厂商与顾客共同创造的。企业经营模式由价值链的观念转换成"价值群组"（value group）的观念（Normann and Ramirez，2000）。虽然对于价值创造和抓住先进技术带来的商机，技术因素和市场要素依然是关键（Maine and Garnsey，2006），但是价值创造与顾客关系更为重要。价值群组是一个价值创造系统—系统化的社会创新，它包括不同经济活动成员（包括供货商、合伙联盟和顾客）互助协力合作以共同创造价值，其战略目标在于使企业的核心能力（core competence）能真正切合顾客所需；其战略任务则在于重新定位这个群组成员的角色与彼此的关系，以新的模式让新的成员共同创造出价值。

基于虚拟整合和虚拟价值链，厂商可以完全外包而成为价值的整合者（Value Integrator），价值的创造不再是单一的"制造—销售"模式完成。而是由一群"制造—销售"的公司完成。不仅厂商与顾客在生产大规模定制化产品的过程中是相互影响的（Kaplan and Haenlein，2006）。而且厂商与消费者交互就是价值创造和价值提取的场所（Prahalad and Ramaswamy，2004）。在顾客参与的价值共同创造过程中，无形的消费者环境变得重要。从共同构建的视角来分析，厂商的首要问题也是维护消费者环境和保护社群。只有在创造并建立网络后，才能稳固地建造或共同建造市场、价值、产品、服务和品牌（Callon and Muniesa，2005；Christiansen and Varnes，2008）。在网络经济时代，连接知识与关系，或组织的能力与顾客，让经理人得以找出能带给顾客价值的机会，并将这一机会转化为价值创造的方法。

## 第4章 网络经济商业模式的价值创造机制

以 IKEA 为例，它是由一家瑞典的小型邮购家具商，运用"价值群组"的经营模式，蜕变为全球最大的家具零售业者。学者在总结其成功要素时着重提出两点：一是家具让顾客能自行负责运送与组装（DIY）；另一点是店址位于市郊，因而能有较多的停车位，还有咖啡厅、餐厅甚至托儿中心等设施。同时 IKEA 将其在零件、仓储与顾客服务上所节省的成本回馈给顾客，其产品的标价经常较竞争者低约 25％到 50％之间。

IKEA 之所以成功，是在于价值创造上根本的转变，在信息技术及全球经济一体化的冲击下，越来越多价值创造的机会也被浓缩在某一特定的"提供"（offering）中，制造出创造附加价值的新机会，到 IKEA 已不再只是购物，还包括娱乐与休闲。对顾客"提供"通常涵盖顾客、供货商、企业伙伴在内的全新组合，让顾客加入到价值创造当中，并与顾客分享价值。IKEA 并不将自己定位于传统价值链中的某一个点上，而是多角色的配合顾客共同创造价值。

### 4.1.3 逻辑变革

网络经济时代价值创造的逻辑发生了变化，与以往的逻辑相比，有很大的不同。工业经济时代，价值创造主要有五大逻辑：（1）企业是组织协调的主体，企业家负责人、物、财和信息的协同安排也因此获取收入，企业则获得盈利。（2）企业更强调规模经济带来的斯密增长，通过规模化生产来提高效率，而非遵从消费者的异质性需求，仅仅把用户当作经纪人，从价格上来吸引用户。（3）"中心化"传播产生效能。在工业经济时代，由于获得和传播信息的成本很高，需要依靠不断投入资金来推动，盛行的是资本之间的比拼游戏。（4）更加关注"使用中的资源"，对于闲置资源又或组织冗余采取忽视或搁置的态度。（5）价值传递主要通过分销渠道，利用分销商实现产品的配送、批发和零售，乃至售后服务。

随着互联网时代的到来，传统的链式逻辑已经无法满足网络经济价值创造的需求。这就需要重新定义商业思维。

从价值创造逻辑来看，互联网时代的变化主要体现在以下五点：

（1）通过跨界产生效能，跨界协作提供了企业创新商业模式的机会，跨界与过去产业链的横向一体化或纵向一体化不同,跨界是虚拟整合跨越传统的产业边界。使得以前不同行业之间的合作关系在跨界的作用下可能变为竞争关系。

(2) 顾客体验产生效能。当今社会科技也越来越发达,产品越来越丰富且同质,消费者越来越注重产品给自己带来的体验是否良好。汤姆·彼德斯(Peters, 2003)认为,商业模式要体现出具有创造力的"解决方案""体验"和"实现梦想"。Priem (2007) 就认为企业成功取决于顾客体验。企业应该把顾客作为企业战略中的重要因素。网络经济正是提倡企业与消费者的全程互动来实现价值共创的。(Sawhney et al., 2005)。苹果手机之所以能在短期内超越诺基亚,根本原因就在于客户体验,对于研发的新技术,消费者只看重他们所感知到的,这就意味他们很难重视所有的生产过程投入。这就意味着消费者不能有意识地对任何投入的资源进行补偿,同时也不能对所有的资源提供商进行奖励或补偿。作为一款过于刚性,研发端远离消费者的产品是无法获得消费者认可的,诺基亚作为一家优质手机企业,其技术一直领先其他手机厂商,但在网络经济时代,消费者是通过体验去确定价值的,产品是自我感官的延伸,无法体验或实现自由意志,消费者的产品使用价值就无法满足,如果消费者无法去了解产品的使用价值厂商自然也就无法获得价值。苹果则反其道而行之,作为体验性产品的表率,它除了基本功能之外基本不设定任何框架,而是让消费者去购买 APP 平台上设计商提供的产品。而苹果只提供了最好的服务去保证设计商和制造商的利益和系统的稳定,把自己嵌入到客户的体验当中,增强产品的互动性。

(3) 传播方式的去中心化和碎片化。在工业经济时代的 4P 营销策略当中,促销(Promotion)是一个非常重要的策略,而重中之重是广告策略,尤其对品牌的建立特别重要。在中心化传播时期,一个品牌的提升和广告投入有着千丝万缕的关系。形成鲜明对比的是,如今成功的品牌很多不刻意进行传统媒体的广告宣传,而是通过与用户和粉丝在网上的互动,并在互动过程中建立社群,再加上线下提供的产品体验,譬如小米手机就是先有的米粉再有小米手机产品的推广。在移动互联网时代,获得和传播信息的成本大大降低,信息的传播更快、更趋于碎片化。受众正在逐渐变成一个又一个小的社群世界,与此同时,现有的一些中心性传媒(如央视)的广告收入急速下降,都标志着"中心化"传播时代的结束。与此同时一个自媒体普及的时代正在到来,每个人都是信息的传播者,受众自由、自主地分享和转载自己感兴趣的文字和图片。移动互联网进一步推动消费者参与积极性。

(4) 网络经济商业模式通常能实现"市场出清"(market clear)来产生效能。如红领的C2B,在这种模式下企业每一件产品都是有需求的,这也使得真正的供需平衡不再是一种远离现实的假说。顾客作为自媒体也无形为产品做了宣传,给市场出清提供了有利条件。同时,通过网络社交平台,企业也实现了口碑宣传与营销推广,而公众在推送特定厂商信息时,也从其他海量的信息中解放自己。另一种就是C2M(Customer-to-Manufactory,顾客对工厂),即由用户驱动的生产制造模式,强调根据消费者的需求定制产品和价格。前百度总裁助理毕胜把它称为反向定制模式。在此过程中,几乎所有不必要的中间环节如仓储、物流、营销等都被省去。潘东燕在描述红领时提到了它的这一颠覆性的模式。红领是一家服装制造厂商,在品牌服装整体疲软的背景下,2014年利润增长超过150%,营收增长超过了200%,而它走的就是大规模个性化定制模式。首先并非由企业预测需求,而是收集消费者需求(社会冗余),为每一个消费者进行数据建模打版,但这并非易事,为此红领利用其十年的数据积累研发了RCMTM(红领西服个性化定制)平台。然后才是利用数据化和自动化完成衣服生产。这里面涉及三个环节,分别是造型设计(衣服款式)、结构设计(衣服尺寸)和工艺设计。在这过程,红领利用大数据将消费者数据进行模块化,把西服拆成领口、袖口、口袋、前襟等都一个个模块,保证了产品与顾客需求的无缝对接。

(5) 脱媒(disintermediation)成为企业实现价值创造的必要前提,企业提倡与用户全程的直接互动,这里面包括销售、推广、客服,乃至开发。而且脱媒会降低价值传递的成本,从某种意义上来说,这也是一种价值创造。包括前面的C2B和C2M都在尽可能地减少中间环节。如红领定制的西服,虽制衣成本比成衣高10%,但消灭了库存积压,减少了渠道费用,加上先收款后生产,总成本仅为成衣的一半,纯利润率达30%;同时改变了创造价值环节。

网络经济价值创造逻辑将企业对市场的认知带入了一个全新的领域。而企业相对应的改变有以下两点：(1)通过跨界经营满足顾客偏好创造价值。随着价值链的行业划分变得模糊，"脱媒"导致行业壁垒无法建立。而顾客体验成为价值创造的关键，为了能够给予更好的客户体验，企业根据顾客偏好提供不同行业的客户体验，在满足消费者需求的同时实现价值创造。(2)利用场景吸引同类偏好的消费者进行连接。随着传播方式去中心化和碎片化，具有极好嵌入性、能够即插即用的场景无疑更适合消费者的需求。一方面场景能够迎合利基市场的需要，即插即用的特性让企业能够根据销售对象来提供特殊的场景，让不同场景与现有资源给消费群体带来不同的体验。另一方面特定的场景更能符合特定消费者的需求。正因为此，场景的存在有利于企业实现连接或跨界。

基于以上研究我们得出命题：

a1a　社群通过连接相同偏好的消费者共同创造实现价值创造机制。

a2a　社群通过跨界促使相同偏好的消费者共同创造实现价值创造机制。

a3a　平台通过连接双边市场利用社会冗余实现价值创造机制。

a4a　平台通过跨界满足消费者需求实现价值创造机制

a5a　场景促进企业与消费者的连接或跨界。

## 4.2　网络经济的经济租金

### 4.2.1　租金来源的改变

企业创造价值的目的之一就是为了追求租金，租金也被看作是价值的一种形式。然而租金的来源并非一成不变的，现代经济就如熊彼特在《经济发展理论》提到的那样，处在一个运动的非平衡状态的开放性经济体系当中，可以说发展和变化是现代经济的常态。

在工业经济时代，企业强调对异质性资源的占有，因为资源的异质性既是企业获取租金的凭借，也是要素价值的来源。企业通过利用资源的异质性，可以提供差异化的产品或服务，而这些产品或服务带来的市场溢价，就是企业的经济租金。而企业对于异质性资源的寻找和占有也被称为租金的选择过程。然而在当时，被学者广泛认可的是供应端的差异性，包括能力的差异化、资源的差异化、战略的差异化、企业诉求的差异化、组织结构的差异化等等。但是很少人强调需求端的差异性，消费者往往被认为是同质的，即使有学者研究消费者的差异时，很多时候把消费者认为仅仅关心价格和功能。当然由于技术的限制，缺乏快速有效的识别能力，很难做到消费者偏好显性化。由于很难为消费者"量身定做"，企业缺乏对于消费者的精准认识，所以存在大量的闲置资源，价值无法得到实现。但是网络经济时代对于需求端的重视发生了改变，产业之间的界限变得模糊，竞争激烈，消费者偏好随着大数据的显性化促使企业精准营销，闲置资源被吸收。而对于异质性的追求从资源已经慢慢转移到了消费者身上，而这种消费者偏好的异质性往往是通过其所在的社群表现出来的。

经济租金是企业做出选择之后通过执行获得的盈余，它是在减去成员所有的机会成本下的纯利润（Rumelt R P.，1984）。它是企业实现价值专属的标志之一，企业在创造价值之后需要通过隔离机制来取得它。主要租金形式包含"李嘉图租金"（Ricardian Rents，简称 R 租金），"彭罗斯租金"（Penrosian Rent，简称 P 租金）和"熊彼特租金"（Schumpeterian Rents，简称 S 租金），除此之外还有关系租金、L 租金等。

而随着技术和资源的重要性被消费者所取代，构建社群成为企业获取租金的重要手段，在工业经济时代企业主要依靠的是技术或资源。尽管都是获取租金的重要手段，但是两者之间的区别是明显的。在工业经济时代的技术与资源主要是基于供应端视角，它更多是通过拥有的技术或资源的异质性来形成自身的竞争优势，通过资源的优势形成李嘉图租金，利用能力的优势形成彭罗斯租金。

毫无疑问这种资源和技术带来的优势在很长时间里给企业带来了丰厚的回报，但是这种优势并不明显和持续，在很大程度上它往往只能存在于某个时间某个狭窄的领域中，这是由于企业并不是针对消费者而提出的这些异质性，在消费者眼中这种异质性存在的意义和企业的看法并不是一直保持一致的。例如消费者购买一个智能手机可能仅仅是因为外形好看，而非企业所想的技术原因。所以这种异质性所能影响的范围就极其狭窄，通常它只能在某一点上取得优势。甚至知识溢出带来的价值都与它无关。例如我们经常看到大品牌受追捧的时候，相应的仿制品乃至山寨品都会获得不错的收益，而这些收益很有可能就是奢侈品知识溢出的表现，尽管大品牌出台了很多策略进行维权，但是依然收效甚微。甚至仿制品利用自身的价格优势和快速的市场反应，能够迅速的占领市场。2005年前后山寨手机市场占有率超过国际品牌如Nokia就是明证。这充分暴露技术和资源作为隔离机制的劣势。而社群与平台则不同，它是从需求端视角起步，以消费者偏好为原点，通过顾客参与和顾客体现的形式促成供需双方共同创造来实现价值的，所以租金是共同创造的。一方面，在顾客体验的过程中，使用价值的感知程度和被感知几率都大大提高；另一方面，需求侧主导使得精准营销的程度被加强，可以在创造价值过程中提供最大程度的消费者剩余。这也使得潜在竞争者的进入成本往往会大到足以打消进入的念头。由于社群与平台是需求侧主导的，所以产业边界模糊，只要符合消费者偏好，这一类型的企业往往会进行跨界经营。而与此同时，一旦某个社群迎合一个类型的消费者偏好时，企业往往对于这类消费具有吸引力，可以说它对于这类偏好具有顾客粘性，也可以说它占领了市场中某种偏好的结构洞。这个结构洞相当于一个原点，促使企业延伸和扩张。当出现多个针对同一偏好的社群或平台，消费者往往会选择更符合自己偏好的那一方，而随着竞争成本的加大和报酬递增，会出现赢家通吃的现象，形成一个或几个寡头公司。如门户网站的新浪搜狐和网易，搜索平台的百度，电子商务的阿里巴巴。这个与工业经济时代的群雄并起有很大的区别。

互联网时代的李嘉图租金的来源与工业经济时代有所不同。根据资源基础观的解释，李嘉图租金是来自于资源的异质性。企业通过对于信息的处理可以在资源市场上获得较好的资源（R. Makadok，2001）。在工业经济时代，李嘉图租金分别来自具有异质性的专属性资源和具有外部性（如知识）的资源。而这两种资源都是来自供应端。其中专属性资源的获得具有偶然性且其带来的竞争优势具有一定的时效性；而基于知识的资源可以维持企业长期的竞争优势。在网络经济时代，社群取代了物质和知识成为企业最重要的异质性资源，这里的异质性是来源于消费者的偏好，厂商通过拥有社群就可以依靠某种消费者偏好，所以对于符合这种偏好的消费者而言，这种社群具有很大的客户粘性，与此同时形成的消费者间关系也可以看作一种资源。而这两种资源都具有稀有且不可替代性，能够作为企业维持竞争优势的基础。而社群包含的消费者偏好和关系就是网络经济中李嘉图租金的来源。

企业除了可以通过资源获取李嘉图租金外，还可以通过能力获得彭罗斯租金。这种能力指的是使用资源的能力，涉及整合、经营及盈利等所有的环节。（Amit and Schoemaker，1993）往往这种彭罗斯租金来自于厂商通过生产和经营获得诀窍、经验等隐性知识，而这些知识构成了彭罗斯租金。不同的是，在工业经济时代，彭罗斯租金是通过生产过程的诀窍和组织管理过程的惯例获得的，网络经济时代消费者社群中包含的价值主张、消费偏好以及使用社群中关系的方法等隐性知识成为了彭罗斯租金的新来源。这些基于消费者的隐性知识和处理相关关系的能力构成了企业以需求侧导向为发展方向的坚实基础。

在传统经济租金中还有一种比较重要的租金是熊彼特租金，由于熊彼特租金来自于创新，也被称为创新租金。在这里，创新包括了商业模式创新、组织结构创新、新能源与新技术的应用。厂商如果想实现盈利，它的产品必须至少满足以下任一个要求，要不然产品在消费者眼中与众不同，要不然产品具有价格优势。（Conner，K. R.，1991）在工业经济时代由于缺乏对消费者异质性偏好的认识，所以企业往往更倾向于从价格与成本做文章，他们会强调大规模生产来尽可能的降低成本。这种方式带来的增长被称为斯密增长，即利用分工来降低成本实现生产率的提高。而网络经济时代，对于需求端的研究已经可以实现精准营销；与此同时信息的流动也激发了消费者的个性需求，消费者更需要符合自身审美的与众不同的产品。而对于企业而言，就需要了解消费者的需求并根据这些需求进行创新，这种企业成长方式被称为熊彼特增长。

值得注意的是，尽管熊彼特增长都是通过内部研发和创新来促进增长的，但其内涵并非一成不变的。工业经济时代，熊彼特增长是通过科研成果产生的经济效益来体现的，这种技术研发主要是针对产品进行改良和发展，但是这种发展并非针对消费者的，而是企业自己的决定。所以在很多情况下企业的科研成果不一定能换来消费者的购买，这时熊彼特增长并不明显。而网络经济时代，企业注重顾客体验，并擅长根据顾客需求来做出决定。如红领制衣就是在获取顾客需求再提供服务的。所以消费者在这过程对产品的独特性感受特别明显，支付的意愿也就随之增强。所以网络经济时代的熊彼特增长更为明显并成为目前企业成长的主要方式。而网络经济商业模式除了获取更多的熊彼特租金，还有一种网络经济下特有的经济租金——连接红利。

## 4.2.2 连接红利

网络经济时代，厂商还获得了一种新的经济租金——连接红利。网络经济下异质性资源来自于聚集消费者异质性偏好的社群，这不仅促发各种经济租金内涵的变化。而且随着企业视角由供应端向需求端转变，企业开始注意并追逐连接红利。连接红利具有双重属性，一方面它聚合顾客，具有关系属性；另一方面它产生价值，具有交易属性。它是建立在消费者异质性需求的显性化这个前提下，所以和以往经济租金不同的是，企业并不把通过产品的直接盈利放在第一位，它更强调以产品为纽带，更强调与消费者之间的价值互动，并通过价值协同实现与消费者价值共创来维持连接红利的获取。

连接红利的产生有两个必要条件：其一是需要有节点并发生连接，其二是有充足的数据信息。在互联网的影响下，信息的传播频次加快，信息的流动方向更加发散。在信息的影响下，每一个人都可以成为信息的中心和发送站，就如同现在的自媒体与网红，他们常常向网络传递星系，而与此同时每个人又都是信息的接受者。企业为了实现连接，可以通过两种方式，一种是凭借手上拥有相较现在更新更好的技术，快速占领市场，建立具有共同偏好的消费者社群，如苹果的 iPhone 利用智能手机在极短时间内进入手机市场并拥有一批忠实的果粉。另一种就是在拥有粉丝的情况下拓展产品种类，连接潜在客户。小米就是属于这种企业，他们在没有产品之初就建立庞大的粉丝群，并在论坛中发布自己的产品，并利用不同行业的产品去挖掘潜在具有相同偏好的消费者，然后通过招新、沉淀、客服的方式去扩大和巩固自己的社群。

## 第 4 章　网络经济商业模式的价值创造机制

由于连接红利是以消费者为基础的，所以供应端的产业边界对追逐连接红利的企业来说是没有多大的存在意义的，而且由于消费者偏好往往具有延续性，并非随着行业而改变，因此，连接红利往往通过跨界得以实现。在信息的变革下，产品的优劣随着消费者口碑迅速传播，反过来影响着企业的引力。所以企业必须最大程度上满足每一个消费者不同的需求，做到极致的差异化顾客体验。与此同时在去中心化结构中，每个人即使消费者也可以是潜在的竞争者，这降低了进入行业的成本，也促进了跨界竞争的发生。

资源和价值从某种程度上是由消费者的需求所决定的。（Bowman and Ambrosini，2000）。Amabile（1996）认为"一个产品如果它是新奇且合适的，有用的，正确的或对于任务是有价值的，那它在某种程度上来说是有创造性的。"关于这个定义，Amabile（1996）提出了三个重要条件：一、为了衡量产品或服务的新奇，用户必须了解焦点产品和替代品，才能比较出新奇和合适程度并最终产生价值；二、一个用户评价合适程度必须了解产品所处的特殊情境背景；三、对于产品或任务的新奇和合适程度的评价是不能离开它所在社会或文化环境当中的。而不同的目标客户可能对于新产品或服务的新奇和合适程度得出不同的结论，这取决于他们自身的知识水平和他们嵌入的情境。对于产品的主观认识和所处情境的不同会使得不同消费者对于什么是有价值的认识不同，对于新奇和合适程度在心里也有不同的评价。所以价值创造的来源方或生产方需要了解潜在客户的知识结构和评价新奇和合适程度时所处情境。当一旦发掘消费者的痛点，也就是未被满足的潜在需求后，企业就会通过两种连接方式来实现连接红利。一部分企业类似 iPhone 利用技术抢占市场，如奇虎通过提供免费的杀毒软件迅速拥有了 3 亿的客户。而另一部分企业利用多年来积累的消费者群体带来的优势实现跨界竞争，最明显的就是腾讯凭借即时通讯软件 QQ 积累的用户杀入游戏、金融、电商等多个领域。

由于连接红利是企业在满足消费者差异化需求下获得的。而这种满足消费者异质性需求的能力是企业的竞争优势，它能够创造出高出平均的报酬。所以连接红利是一种经济租金。由于消费者偏好具有动态性，这种偏好在短期是不变的，但是随着时间的推移很有可能发生改变。而企业对于巩固社群的投入绝大部分属于沉没成本，即无法退出或转为其他用途。（因此现实生活中人们往往把互联网企业的这种要素投入称为"烧钱"，如滴滴打车对于车主的补贴）。所以严格的来说源自消费者偏好而实现的连接红利是一种准租金。

任何租金都会引起企业的追逐并为了获取它而调整自己的商业模式，创造了巨量价值的连接红利更是驱动企业做出改变，而且这种变化在今天的商业界随处可见。而连接红利能带来巨量价值的主要原因是价值创造的视角从供应端转换成了需求端。其实很多企业家意识到资源的价值并非来自于自身，而是消费者的认可。不仅在实业界，在学术界也有不少学者开始了类似的反思，如在 Priem（2001）的文中就曾提出资源的价值不是由资源基础观决定的。在 Locke 和 Fitzpatrick（1995）从微观的角度看来价值创造只有在人拥有知识、智慧后才能实现，价值创造是人与环境交流的结果，带有个人特质（Felin & Hesterly，2007）。而且 Amabile（1996）发现随着个人得到满足需求的层次越高，如马斯洛的自我实现，人可能创造的价值也就愈多。也就是内在动机导致创造。内在动机是促使人创造价值的最强驱动力，远超过金钱、地位等外在动机。而连接红利正是来自于消费者的自身需要，所以它比外界给予的资源或技术优势更能促使人参与创造，所以连接红利往往是通过价值共创的形式由供需双方一起努力的，而由于消费者的参与，也使得连接红利带来的价值比传统经济租金更多。价值创新延续有两个条件：一是交换价值兑现必须超过创造价值过程中产品消耗的成本；二是产生的新价值必须被感知与此前产品不同才可能完成价值交换。网络经济企业通过消费者体验和需求创造价值，所获得产品给予消费者的感受往往是独一无二的；与此同时资源的异质性需求降低，普通资源可以替代专有性资源，而这会降低企业生产成本。所以网络经济产生的连接红利可以做一种可持续的动力，而由于它的吸引力，企业改变原有的商业模式。

虽然连接红利具有的关系属性和交易属性在其他的经济租金中或多或少也存在，如关系租金。但是它与其他的经济租金是有本质差别的，它是需求侧主导下企业价值创造的产物。而以前的经济租金更多考虑的是供给侧的需求，依赖的是资源或者能力的异质性。这就使得连接红利与传统经济租金存在着本质上的区别。而由于连接红利是供需双方价值共创而来，并非仅仅依赖企业，所以连接红利在总量上往往比其他任何类型的经济租金都要大的多。

虽然创造连接红利并不需要很高的科技能力,但是依然需要投入成本,去聚拢客户构建社群,这些都会成为企业的沉默成本。而且依靠社群做出的跨界经营也并非轻而易举的。首先顾客的偏好是动态的且深层次的,企业不一定能完全符合客户需求,当出现更适合这种偏好的产品,企业就有可能被替代。其次是跨界经营面临新行业内的竞争对手,为了阻碍跨界竞争,竞争企业会运用很多手段,譬如以专利来阻止入侵者(张古鹏,2014)。最后跨界经营会遇到很多新的问题,如产品与行业标准的融合。

基于以上研究我们得出命题:

a1b　通过连接与消费者共同创造实现价值创造机制获得连接红利。

a2b　通过跨界满足消费者需求实现价值创造机制创造连接红利。

## 4.3　连接红利的经济学解释

新资源基础观重点关注 Penrose(1959)所强调的闲置资源与企业成长之间的关系。认为闲置资源在企业成长中扮演着重要角色,是产品能够推出、而组织竞争优势得以建立的关键。而这种闲置资源通常就是我们所说的组织冗余。

卡内基学派最早由 Cyert 和 March(1963)提出组织冗余(Organization slack)。他们看来,组织冗余就是除去必要支出后,组织拥有的全部资源之和。Cyert 与 March(1963)主张获利厂商逐渐积累资源,当超过正常营运所需时,就产生组织的冗余资源。此后,Bourgeois(1981)对组织冗余的定义进行了补充,组织冗余资源是指超出正常营运水平所需的资源(Bourgeois III,1981)。组织冗余是实际或潜在的资源的缓冲(buffering),让组织能从容应对由于外部环境或政策变化带来的战略变革,又或内部调整带来的压力。而当前学者比较认同 George (2005)将组织冗余定义为:组织冗余是一股潜在的,可利用的,能通过转移、重置等方式帮助实现组织目标的资源。总之,现有的文献资料定义了冗余的三个方面。第一，组织冗余在概念上定义为没有得到最大化利用的资源；第二，组织冗余的资源特征包括相对定位（例如已吸纳的资源和未被吸纳的资源），可接受性（例如立即接受和延迟接受）；第三，组织冗余资源两大核心作用是作为应对威胁的缓冲机制以及扮演资源开发或创新的推进者。

最初，厂商行为理论学者强调组织冗余资源的正面功能，认为组织冗余资源可作为内外部环境变动的缓冲，有利于鼓励厂商的创新行为（Singh，1986）。同时，组织冗余资源的存在可以响应环境的冲击，有助于平缓环境对企业经营造成的影响（Tan & Peng，2003）。而在网络经济商业模式中，价值网络中的组织冗余是实现连接红利的重要组成部分。

值得注意的是，与价值网络相比较，价值商店所面临的冗余资源不仅仅局限于组织内部，很多的闲置资源是来自于社会中其他组织当中，这些闲置资源称为"社会冗余"。而作为价值商店的载体，平台构建的双边市场通过连接消费者需求和社会冗余同样能产生连接红利。但毫无疑问，在绝大多数情况下，社会冗余的体量不小于组织冗余。

在传统工业经济时代，资源是分析企业竞争能力的重要工具（Peteraf，1993）。英国经济学家Penrose（1959）强调资源构成了企业的竞争力，以资源为视角的研究思路来研究企业成长。Wernerfelt（1984）发展了Penrose的论述，形成了资源依赖观，也就是随后的资源基础观。在商业中，资源就是企业在生产过程中的投入，而资源根据使用情况分为"使用中的资源"和"闲置资源"。"闲置资源"（slack resource）是指企业组织中的资源存量超过了特定产出水准所需之使用量（Nohria & Gulati，1996）。水准所需的投入数量（Nohria & Gulati，1996），属于未被开发的资源（Baker & Nelson，2005）。产生闲置资源的原因很多，张宗斌曾归纳为体制性闲置和结构性闲置。归纳起来主要来自于两个方面：一是资源的需求量太少，很多长尾需求并不足以促使大批量的生产；二是资源可应用的维度尚未发现。在以往有很多对于闲置资源的研究。有的学者对于闲置资源促进还是阻碍了创新产生了争论（Bradley, S. W., Shepherd, D. A. and Wiklund, J., 2011）。也有学者倾向于把闲置资源归为企业自满或无效率的诱因（Jones, G. R. and Butler, J.

E.，1992）。也有把闲置资源的出现看作对抗环境的缓冲，从而降低投资于风险和探索活动的频率，而缺乏这种缓冲可能会产生一种紧迫感，推动创业活动（Alain Verbeke；Wenlong Yuan.，2013））。但并没有绝对无用产品，只是资源尚未被开发出来。关于这点 Drucker（1985）更直白的表示，在没有使用前资源只是一种石头或杂草而已。所以闲置资源只是相对于正在使用的资源而言，并没有影响它的潜在价值，亦即发现资源的另一重应用与新的维度，而资源新维度的出现，也隐含着实现该资源的第二种价值。

连接红利很大程度上便来自于闲置资源。一方面来自于迎合利基市场来满足长尾需求，那些需求一直存在，但都是少量的且不被人重视的，它们往往被当作闲置资源。但是通过连接一样能够创造价值。日本就有一家汽车服务商叫 Park24，一分钱广告没打过，却抢占了 70％ 的停车场生意。作为后起之秀，在没有大片空地做停车场时，Park24 的解决办法是见缝插针，不放过街边每一块边角料，把便利店旁、写字楼之间的空地都租来做停车场，把以前的闲置资源充分利用起来，获取了巨额的连接红利。个人定制服装本来是一个非常小的市场，红领 C2M 通过互联网连接和大数据分析，将个人定制与差异化需求连接起来，这些导致红领定制的西服，虽然直接制造成本比成衣高 10％，但是因为减少渠道，消灭库存，总体成本约只有成衣的一半，所以纯利润率能达到 30％。

另一方面就是来源于第二种资源价值，资源的应用范围并非一成不变，在跨界的过程中，每一项资源也都可以视为"尚未开发完全"的素材，通过连接不同的产业对象，可开启资源使用的多维度，使资源跳脱原有特性及使用习惯、创造新的价值。互联网时代，除了同样注重资源的异质性和不可移动性以外，更重视资源的组合性。去哪儿、携程等旅游平台在做旅游项目的时候充分利用客户资源开发了其他的维度并形成组合，如酒店、团购等。而掌阅则向自己的读者推荐以书籍改编的网络游戏。这些都是通过组合对于资源新维度的开发。虽然"资源"不仅扮演了新产品开发活动中的关键角色，也是价值创造的核心要素。但即使是"以资源创造产品价值"的观点也认为，产品是资源组合的结果，而产品的开发，则可视为资源组合的过程（Rumelt，1984；Barney，1991；Amit & Schoemaker，1993）。厂商资源组合的改变不仅创造了价值,同时赋予资源创造财富的新能力(Drucker, 1985)。而在传统资源基础观探讨新产品开发的研究中,往往局限于探讨市场面的商品效果(Verona, 1999),重视"功能"、"介面设计"与"美观"等因素,但却不重视闲置资源在资源组合的作用(Ulrich & Eppinger, 1997; Rindova & Petkova, 2007)。但当厂商囿于资源不足时,则必须勇于突破资源障碍(MacMillan & McGrath, 1997),释放闲置资源的潜能,才得以取用及重组资源。

在互联网时代资源组合的主要形式是产品或资源通过场景与客户或潜在客户的需求紧密结合,被不同需求的客户所接受。场景往往指的是消费的环境或消费者感知的情境,即将场景独立作为一个资源,与不同的产品相结合,形成不同的组合。如网络订车与出租车合作成就了滴滴打车,网络订车与专场合作出现了一号专车。而相对应的是相同场景结合不同产品也能迎合不同消费者偏好,例如运动与游戏在一起产生了任天堂的 Wii,运动与音乐在一起产生了 Dr. Dre 耳机,运动与科技在一起产生了小米手环。产品与场景组合被用户选择、被重新定义,在实现消费者效用的同时创造新的价值——连接红利。

## 4.4　本章小结

在这章节里我们讨论了网络经济价值创造机制和经济租金(尤其是连接红利)。最重要的是探讨了连接红利。在网络经济的影响下价值创造的方式发生了改变:价值创造的载体由单一的价值链变成了价值网络与价值商店两种价值经营模式;价值创造的方式从竞争向合作发展;在价值创造的过程中面临脱媒和去中心化的趋势。获取经济租金的方式发生了改变,最重要的是网络经济特有的租金——连接红利。它才是商业模式突变的主因。连接红利的产生用新资源基础观来理解就是组织冗余和闲置资源的充分利用。

通过整合上述分命题,我们得出以下命题:

a1　社群通过连接消费者偏好实现价值创造机制,创造连接红利。

a2 社群通过跨界满足消费者偏好实现价值创造机制,创造连接红利。

a3 平台通过连接双边市场满足消费者需求实现价值创造机制,创造连接红利。

a4 平台通过跨界满足消费者需求实现价值创造机制,创造连接红利。

a5 场景吸引连接消费者偏好实现价值创造机制,创造连接红利。

# 第 5 章 网络经济商业模式的隔离机制

## 5.1 获取价值的机制类型

实现价值获取是经济主体（Economic actors）——企业、消费者、资源供应商等实现交换价值的过程。组织能获取的交换价值只有在销售时才能被知晓，换句话说，企业在未进行交换的情况下是无法确定新创造的使用价值能值多少。所以人们不能断言在新的使用价值产生的过程中，组织的"价值"就被增加了。创造出来的使用价值有时能带来更多的交换价值，有时则不能。这是由于组织创造新价值后将损失或必须分享这个价值予其他利益相关者，如雇员、竞争者或社会（Makadok & Coff，2002）。这种剩余价值流失的现象被称为价值滑动。价值滑动（或称为价值偏差，value slippage）往往发生在使用价值非常高而交换价值很低的情况下。很显然，价值滑动为发起者提供了长期持续创造价值的负面动机。为此，企业会通过竞争机制和隔离机制来保证价值的获取。其中，美国战略管理学家 Rumelt（1982）把企业取得竞争优势之后如何运用经济力量来确保其竞争优势得以持续而不被削弱的机制称为隔离机制（Isolation mechanism）。但是，目前学者所讨论的隔离机制都是从厂商的角度来思考的，构建的都是以供应端为基础的隔离机制。如果要让隔离机制的运用更完善，或许应当主张厂商从顾客面的需求端去构建隔离机制，并考虑动态环境下的隔离机制。因此，厂商应结合厂商端与顾客端的隔离机制，来形成全面性防护的隔离机制，才能让厂商的竞争优势及高绩效得以维护。

## 5.1.1 竞争机制

企业实现价值获取有两种方式：竞争机制和隔离机制。当核心任务、产品或服务在新颖和适当程度的增量变大时，使用价值和货币化的交换价值也会增加。新颖和适当的核心任务、产品或服务的诞生往往带来一个高需求和有限供应的局面。新的价值会触发其他供应商的加入，竞争也随之而来。供应的增加使得交换价值（价格）下降，再次恢复到供需平衡。在这个时候，被创造的价值必须被市场内的其他供应商分享。但其他供应商再想加入市场时，市场已经成为一个高使用价值低交换价值的场所，很难再获得超额利润。

竞争并不仅仅在组织层面，当分析多少价值被创造者所占有时，竞争可以延伸到所有层面。例如，在具有竞争性和同质性的劳动力市场，个人能力被虚拟设定为同样的并且大量的提供使得组织通过保持劳动力成本足够低而获利。这限制员工的议价能力，也就限制了他们所能获取的价值。同样，企业之间的竞争压低价格使得社会获益。

通过竞争我们能够解释价值是如何从创新者处溜走且由其他竞争者和用户分享的。例如当个人创造新的完成工作方式或者新的服务顾客方式后。理论上，他应该以高工资或其他收益的形式获得所有的价值，因为没有其他的替代者或竞争者。简而言之，在隔离机制的支持下个人应该享有高的议价能力。但是雇主似乎并不打算允许雇员从过程、产品和服务中获取全部价值。因为组织在价值创造的活动中也做了很重要的投入，包括工具，制造方面，市场调研的支持等，尽管最终产品是由员工开发出来的，但也离不开组织的推销。

纯市场竞争的行为只能使得一家独大，这显然非其他企业愿意见到的。为此需要另外一种机制来限制竞争机制——隔离机制。只要隔离机制能够产生作用，竞争是有限的，即需求会一直大于供给，对于创新者来说就可能有长期的超额利润。可以说，隔离机制是为了限制价值滑动，完成价值获取的手段。

## 5.1.2 隔离机制

厂商在激烈的市场竞争中获得竞争优势后，如何确保竞争优势的可持续，是他们十分关注的课题。来自于自然学科的隔离机制,它最初用于解决自然界亲缘相近物种之间交配及交配后代的繁育等问题。而在战略管理学理论中出现"隔离机制"一词,来源于美国战略管理学家 Richard Rumelt(1982)的论文"Diversification strategy and profitability"。Rumelt 把厂商取得竞争优势后用来避免自己的竞争优势被模仿或被削弱的经济力量,称之为隔离机制。所以,隔离机制在组织理论的文献中,都理解为解释厂商之间彼此竞争时,为维护自己的竞争优势所设置的障碍。

但是,在实现价值获取的过程中,不同层次对象的隔离机制的表现方式并非相同。首先,个人的很多的不同属性能形成隔离机制,帮助价值创造者获取价值。其中包括了个人在社会网络中的位置(结构洞);他们独有的知识或专长,特别是从完成新任务或创造新产品中获得的隐性知识;与组织中其他特定人的关系。很明显,如果其他人无法轻易模仿创新者产生价值的过程,创新的来源很有可能获得最终的价值。其次,在组织层面研究者往往从企业的内部了解价值是如何获取的。例如价值链的概念和价值链分析直接关注在企业布置他们主要和支持行为用以最大化和维持竞争优势。还有学者采纳企业知识基础观把关注点放在鉴别能形成隔离机制、阻止竞争对手的资源类型。Sirmon 和同事认为资源管理流程是资源创造后获取的隔离机制。他们认为组织必须采取行动(1)构成资源组合;(2)收集资源来建设能力;(3)通过能力去利用市场机会为自己谋利。通过这些行动,他们能同时为顾客和拥有者创造且利用价值。因此,在组织层面,价值获取是因为使用了特殊资源,这种资源往往带有竞争对手难以复制的属性。此外可能还有其他原因,例如通过资源管理的方法,发起者能在竞争者利用创新前进行自己的创造性破坏。最后在社会层面,Porter(1990)认为隔离机制使得国家能获取价值。他认为国家将保持他们创造的价值(不流失到其他社会中),特别是当他们拥有独特的要素或资源优势,强烈的需求环境,相关的和支持性的工业基础,以及有竞争力的市场。都可以作为特定社会的隔离机制。当然,由于社会层面过于繁复,内部体系繁多,很多时候价值会从滑动到其他的层面。如个人创造的价值可能被企业或者社会所获取。总之,无论在任何层次,隔离机制与竞争的层次以及过程中的特殊资源决定了价值获取。

# 第 5 章　网络经济商业模式的隔离机制

从理论上来讲，隔离机制也并非一成不变的。在工业经济时代，强调资源和能力的异质性在隔离机制中所发挥的作用。Rumelt 认为，资源的不可转移和能力的难以模仿是已取得竞争优势的厂商维持竞争优势的两大保证。因此取得了竞争优势的厂商，只要保持其独立性，防止核心竞争能力被竞争对手掌握或转移，有效地控制各种稀缺资源和维持各种准权利，维持竞争优势的经济实力不被竞争对手超越，就能实行有效的隔离机制。与此同时，Wernerfelt（1984）也提出类似隔离机制的理念——"资源位障碍"（resource position barriers）。按照自愿基础观的解释，隔离机制的核心是资源和能力的异质性，这种异质性所形成的障碍可以使某一厂商区别于其他厂商，维护厂商持续地实现经济租金的获取（Barney，1991）。如果严格划分，这种异质性可以分为资源异质性、能力异质性或知识异质性。Rumelt（1984）认为，隔离机制可以有三类，分别是学习与开发成本（learning and development costs）、所有权（property rights）及因果关系模糊性（causal ambiguity）。其中，学习和开发成本防止了厂商资源和能力的模仿转移；所有权保证了厂商异质性资源的排他性与归属；因果关系模糊性能从根本上杜绝厂商间相互模仿资源与能力的可能性。

战略管理学家们认为，隔离机制的发展是厂商运用其在资源、能力及战略管理的某些特质，来维护其竞争优势并改善厂商绩效（Bharadwaj et al.，1993；Grant，1995；Mahoney and Pandian，1992）。由于隔离机制的建立，可以确立厂商在相当长一段时间内的竞争优势和固化商业模式的精心设计及发展，可以调适环境变迁的能力或防止厂商战略被竞争厂商模仿，因此，在动态的环境变迁中尤为重要。

隔离机制的建立最主要目的是确保厂商所赚取的经济租金，防止价值滑动这种不利于厂商的行为。因为隔离机制能够形成一道屏障，使厂商的核心竞争能力不易被模仿及转移，进而维持较长时间内的竞争优势。例如，稀有资源的财产权、管理技能及信息不对称等，都能让厂商保护自己的竞争优势免于被模仿。一般来说，厂商所拥有的知识、资源或能力等都属于隔离机制的范畴。

当前，学术界对隔离机制的研究来源于 Kumar & Ellingson（1991），他认为实现隔离机制有两种方式。一种是阻碍其他厂商通过模仿自己的资源和能力；另一种通过先行介入所获得的资源和能力竞争优势，并利用该优势不断地扩大与其它竞争对手和潜在进入者之间的优势差距。然而不难发现，上述的观点都是从厂商的角度来发展隔离机制的，是属于供给端的隔离机制。从理论思路上看，厂商拥有持续性竞争优势的目的是为了创造价值，而厂商的价值来源于不断地向消费者提供价值，并凭借此来提升厂商绩效（Priem，2007）。与此同时，网络经济下商业模式强调需求端的加入，连接红利正是在消费者协同下创造出来的。因此，如果是厂商能从需求端的角度来建构隔离机制，一来让竞争对手认为就算能模仿厂商的竞争优势，也无法影响消费者的品牌选择，使竞争厂商知难而退；二来能针对性的保护需求端创造的价值，对于网络经济下厂商竞争优势的维护会更有帮助。需要说明的是，隔离机制的建立并不意味着厂商的竞争优势能永久保持，即并不意味着经济租金可以持续获取。因为随着环境变迁及技术的普及化，厂商的经济租金会慢慢消散，这也是厂商为什么必须不断发展新的竞争优势的原因所在。同样道理，如果厂商处在高度动态的环境中，如何设计和建立隔离机制，同样是值得厂商去思考的课题。

## 5.2 隔离机制的特质

### 5.2.1 隔离机制形成的理论来源

当前最常见讨论隔离机制的文献可分为两大类：一类是模仿障碍（impediments to imitation）。这一类隔离机制可阻止现存厂商和潜在进入者模仿形成目标厂商基本优势的资源和能力。也就是说，某一厂商因为产品或工艺创新、发现新的市场细分、消费者偏好改变或能让厂商明显的转移战略性定位的管制政策改变等因素，所产生的根本改变导致该厂商得以进入一个比其他厂商更具竞争力的定位，即形成了模仿障碍。其理论思路来自于资源基础观（RBV）。在厂商建立起模仿障碍后，可阻止其他厂商完全模仿该厂商的优势，因此其他厂商也许可以接近但无法完全到达该厂商的竞争定位（Kumar & Ellingson，1991）。另一类是先行者优势。某一厂商由于先行者优势达到的竞争定位,则随着时间的推移,该厂商会逐渐扩大它与其他厂商间的竞争优势差异。即一旦厂商获得竞争优势,这一类隔离机制可随着时间增加优势的经济力量(Kumar & Ellingson,1991)。其理论思路来自于先行者优势理论。

## 5.2.2 隔离机制的主要特性

按照经济学租金理论的解释,厂商最主要的经营目的是通过创造和维持竞争优势的来源来赚取经济租金(Conner,1991)。为了使竞争优势持续,厂商必须思考如何避免其带来超额利润的新产品及关键特质被其他厂商所模仿(Thomä and Bizer,2013)。因此,隔离机制通常会具有以下特性:

(1) 不可模仿性

不可模仿性指的是厂商设法让其资源无法轻易为竞争厂商所模仿。例如,西南航空采用广泛甄选程序来雇用具有热诚和勇气的人员来服务与娱乐顾客。这些特质受该公司的鼓励与奖赏,并形成该厂商独特的公司文化,不易被其他航空公司所模仿。

(2) 路径依赖性

路径依赖性与厂商通过在正确的时间和地点,以较低成本取得资源有关。因此,如果竞争厂商事后要重新创造同样的机会,其成本会相对昂贵。路径依赖性说明,厂商发展资源或能力是需要时间的。因为路径依赖性无法被其他厂商快速模仿,或者说让竞争对手模仿资源的难度提高(Mata et al.,1995)。此外,隔离机制也与路径依赖的状况有关,当厂商选择某个方向前进后,其后续发展会受制于先前路径的影响,也让竞争对手无法快速模仿(Barney,1991)。

(3) 社会资本

隔离机制的建立与该厂商的社会资本有关。Mata(1995)等人研究发现隔离机制的建立与一个厂商与其他结盟厂商的文化、关系、信任、承诺和互惠程度有关,这些社会资本的属性无法被快速改变,也让厂商比低成本的模仿者能获得较佳的优势。Barney(2001)直接指出厂商所拥有的社会资本是厂商的各种技能和资产间相互作用下的结果，也包含了因为技术、组织惯例和经验所产生的模糊性。

综上所述，社会资本的内隐性、复杂性和特定性所造成的交互效果，提高了模糊的效果及模仿的障碍。而且一般来说，随着隔离机制的不断运行，内隐性带来的不易察觉，特定性带来的思维惯性，以及复杂性都会不同程度的加深。

(4) 因果模糊性

因果模糊性指的是由于特定条件致使资源所创造出的优势难以被模仿。为了模仿高绩效厂商，竞争厂商必须明辨出可导致这一绩效的资源、能力与战略。当促成高绩效的原因越多元化时，竞争厂商在辨识上就会产生严重的问题。而且，要将形成优势的来源一一分清，需要耗费许多时间与成本，这也加深了模仿模仿的难度。

(5) 不可转移性与无法交易性

对于一些具有高交易成本（如搜寻、购买、执行成本）的资源和能力，即使竞争厂商可以找出这些导致竞争优势的资源和能力，也会因为它们具有的不可转移性和无法交易性难以购买（Peteraf，1993）。此外，厂商所拥有的能力有些也可能是无法在市场上交易的，如团队的决策风格、组织惯例等（Kor & Mohoney，2004）。这些技能多半内化在厂商文化内，无法在市场上交易。

## 5.2.3 隔离机制对厂商的重要性

对厂商而言，如果要达到持久性竞争优势，价值创造与价值专属两者缺一不可（Mizik & Jacobson，2003；MacDonald & Ryall，2004）。价值创造影响的是竞争优势的未来发展速度与规模，而价值专属会影响厂商可以掌握的竞争优势的持久性以及多寡（Lawson，Samson & Roden，2012）。

为了让厂商在市场上的地位不衰退，厂商必须通过持续不间断的创新来创造价值与竞争优势。但如果厂商能拥有有效的价值专属，就可以不必担心竞争厂商会取得相同的价值，让自己失去优势地位，当然也不需要进行频繁的创新。因此，有效隔离机制对厂商的重要性，就是让厂商能拥有价值专属，进而延续竞争优势，让厂商不必因担心优势被取代，而必须投入相当多的时间与资源在频繁的创新活动中。对于资源有限的中小型创新厂商而言，如何避免其创新的产品被模仿甚至比知识产权的追求更受到关注（Thomä & Bizer，2013）。由此可见，隔离机制的设立能让厂商确保其创造的价值大部分掌握在自己手中。

## 5.3 隔离机制的种类

### 5.3.1 资源基础观点：让战略性资源难以被模仿

一项战略性资源如果要成为持久性竞争优势的来源，必须具备四种特性：有价值、稀有性、难以模仿，以及无法替代（Barney，1991）。在资源基础观中，难以模仿的特性是追求持久性竞争优势的关键。隔离机制的存在就是要缓冲（Buffering）竞争厂商通过模仿，或发展出替代性资源来侵蚀厂商创新能力的速率。因此资源基础观下的"战略性隔离机制"的主要作用，就是通过提升竞争厂商在模仿或取得替代性资源的难度，来让厂商拥有持久性的竞争优势。

为了让厂商创造优势的能力或资产难以被模仿，资源基础观的学者认为，增加因果模糊性有极佳的效果（Mahoney & Pandian，1992；Peteraf，1993）。例如，隐含在厂商活动、流程及组织结构内属于隐性知识的部分不易被辨识或制度化，当然也不易被模仿（Hocutt & Charkraborty，1997）。此外，资产累积的过程中的时间压缩不经济效果与资产间相互连结效果（Dierickx & Cool，1989），都可以增加模仿的难度，并拉开与竞争对手之间的距离，创造绩效。

而对知识产权的注重，如专利保护，对于某些研发成本高，模仿相对简单的产业而言，更是不可缺少的隔离机制。我们认为，厂商对知识的保护机制、关键技术掌握能力和关键资产掌握能力，是厂商设立模仿障碍不可或缺的战略性隔离机制类型。

### 5.3.2 先行者优势理论：让竞争厂商无法迅速接近资源

按照资源基础观（RBV）的理论，建立隔离机制的目的，就是要使得创造出价值的资源、资产或能力,具有难以模仿的障碍特性,并使厂商所创造的价值能够专属和维持。但要使厂商持续维持与竞争对手不同的优势绩效,除了设立模仿障碍外,还可以从影响竞争厂商顺利接近资源来入手,这就是先行者优势理论的着眼点(Hoopes, Madsen & Walker, 2003)。主张这种理论的学者认为,具有先行者优势的厂商有可能获得独占性利润,也可以取得在地理空间、技术空间和消费者知觉空间上的抢先接近权(Makadok, 1998)。

通过抢先占有地理市场、关键性技术或消费者的品牌知觉,先进入者可以让竞争对手无法在先进入者厂商已取得优势的市场上竞争,因为竞争厂商要取得类似的竞争地位需要一段时间的累积才有可能达到。因此,以"先行者优势"作为隔离机制,可以降低竞争厂商发现厂商在某一市场具有超额利润后,快速接近优势资源。

以先行者优势作为隔离机制,大致可以从几个角度来进行:(1) 通过抢先占有稀少资源的方式,来阻止竞争厂商接近有价值的地理市场或生产性资源,并达到成本上的优势;(2) 通过工厂和设备的率先投资来创造生产上的规模经济;(3) 通过取得创新关键的专利权或拥有优于竞争厂商的技术所产生的学习曲线或经验曲线(learning curve or experience curve)而得利。

## 5.3.3 制度化理论:影响竞争厂商的模仿意愿

上述两种观点下的隔离机制,主要是采用让其他厂商难以模仿或是无法迅速响应竞争的方式来维护自己的竞争优势。在制度化理论中,隔离机制的设立目的是通过制度性因素来影响其他竞争厂商的模仿意愿,再以此维护厂商本身的竞争优势(Peng, Wang & Jiang, 2008)。Oliver (1997) 将这种形式的隔离机制称之为"制度性隔离机制"。制度性隔离机制与前两个观点下的隔离机制最大的不同点,在于制度性隔离机制存在于竞争厂商因厂商文化或制度背景上的不相容,而"没有意愿"去模仿绩效较优的厂商。例如,当绩效较优厂商的竞争优势来自于厂商文化对高科技的重视与掌握时,其他厂商可能因此高科技技术与厂商的"低科技"文化有所抵触或者违反了厂商的文化信仰体系,而不愿去取得或模仿(Lounsbury & Glynn, 2005)。

厂商的战略性决策会受到制度性背景（如惯例、规范、传统或信仰等）的影响，在资源选择战略上也是如此。例如，经理人团队可能会因为公司长久以来就是以某种特定方式来营运，因此不愿意为了让绩效较优厂商获得竞争优势的资源与能力，而去改变公司历年来做事的方法。此外，厂商首席执行官的专业领域背景，也会影响他的资源或能力部署决策过程。因此，未具备相同背景的其他厂商首席执行官，自然不会接受同样的决策思维，即使这一决策可带来优势绩效（Auh & Menguc, 2009）。

竞争厂商会放弃取得或部署可带来优势绩效的资源或能力，并非因为无法接近或难以模仿，而是这类资源或能力与竞争厂商的自身历史发展、厂商文化及政治背景并不兼容。制度性隔离机制的存在并非厂商能主动控制，其成效是否能发挥，还端赖竞争厂商是否在明知取得资源或能力可以为公司带来较佳绩效的情形下，仍会因厂商内部文化或政治上与优势资源不配适而决定放弃此资源。

综上，我们认为上述三种观点下的隔离机制，各有不同的作用。资源基础观下的隔离机制，以提升模仿的难度为要点；先行者优势观下的隔离机制，以让竞争厂商无法快速响应竞争为目的；至于制度化理论下的隔离机制，则是以影响竞争厂商的模仿意愿为主。表 5-1 是这三个不同观点下的隔离机制的比较。

表 5-1 不同观点下隔离机制的比较

|  | 战略性隔离机制 | 先行者优势 | 制度性隔离机制 |
|---|---|---|---|
| 理论观点 | 资源基础观 | 先行者优势理论 | 制度化理论 |
| 主要作用 | 让战略性资源难以被模仿 | 让竞争厂商无法迅速接近资源 | 影响竞争厂商的模仿意愿 |
| 障碍形式 | 资源的无法取得 | 资源的无法接近 | 资源的无法接受 |
| 竞争厂商无法取得资源的原因 | 因果模糊性或路径依赖性让资源难以模仿或替代 | 资源的取得具有学习曲线或经验曲线的效果，或规模经济 | 缺乏与资源相配适的政治、文化及高层团队的支持 |
| 可掌控性 | 可主动掌控 | 可主动掌控 | 无法完全掌控 |

资料来源：作者总结

## 5.4 基于顾客的隔离机制

互联网时代的隔离机制与以往任何时代都不同。基于意愿的隔离机制（willingness-based isolating mechanisms，WIM）正在替代基于能力的隔离机制（ability-based isolating mechanisms，AIM）。在工业经济时代，主要利用的是基于能力的隔离机制。一是基于资源基础观的战略性隔离机制，就是通过因果模糊性或路径依赖性提升竞争厂商在模仿或取得替代性资源的难度，来让厂商拥有持久性的竞争优势（Mahoney & Pandian，1992）。按照资源基础观的解释，隔离机制的核心是资源和能力的异质性，这种异质性所形成的障碍可以使某一厂商区别于其他厂商，维护厂商持续地实现经济租金的获取。如果严格划分，这种异质性可以分为资源异质性、能力异质性或知识异质性。DeBeers在钻石行业的成就与其出产和营销世界35%~40%（按价值算）的钻石份额及高超的设计技术带来模仿障碍是密不可分的。二是基于能力的先行者优势隔离机制，即通过抢先占有地理市场、关键性技术或消费者的品牌知觉，先进入者可以让竞争对手无法在先进入者厂商已取得优势的市场上竞争，因为竞争厂商要取得类似的竞争地位需要一段时间的累积才有可能达到。包括通过抢先占有稀少资源；也有通过工厂和设备的率先投资来创造生产上的规模经济；或利用取得创新关键的专利权或拥有优于竞争厂商的技术所产生的学习曲线或经验曲线（learning curve or experience curve）而得利。前文提到的Windows正是如此。

但其实还有一类以往研究中经常被忽略的隔离机制：基于意愿的隔离机制。意愿型隔离机制是指作为存在资源优势并拥有能力的企业并没有进入所有能够进入的市场（Grant 2008）；因为很少企业会进入能够进入的所有行业。没有理由可以证明即使缺乏资源基础或者能力基础的门槛，一个拥有优势资源的企业一定进入某个由劣势资源企业操盘的市场。由于诸多因素例如文化的驱动作用限制了行为（Jonsson & Regnér，2009），盈利能力的期望或产品冲突（北大光华管理学院王建国教授把它称为产品互杀，product cannibalization）；和更具吸引力的替代机会的存在（Madhok，Li，&Priem，2010），一些有优势资源公司可能选择不进入某一特定市场。工业经济时代，这种隔离机制主要是基于制度化理论的制度性隔离机制。在制度化理论中，隔离机制的设立目的是通过制度性因素来影响其他竞争厂商的模仿动机，并以此维护厂商本身的竞争优势。Oliver（1997）将这种形式的隔离机制称之为"制度性隔离机制"。制度性隔离机制与前两个观点下的隔离机制最大的不同点，在于制度性隔离机制存在于竞争厂商因厂商文化或制度背景上的不相容，而"没有意愿"去模仿绩效较优的厂商。例如，当绩效较优厂商的竞争优势来自于厂商文化对高科技的重视与掌握时，其他厂商可能因此高科技技术与厂商的"低科技"文化有所抵触或者违反了厂商的文化信仰体系，而不愿去取得或模仿（Lounsbury & Glynn，2005）。Ebay虽然比阿里巴巴更早的在中国建立市场，也更具有科技优势，但是正是对于中国文化以及中美文化差异缺乏必要的认识，才让阿里巴巴逐步壮大的。制度性隔离机制虽然能长久存在且较难屏蔽，但缺点是由于其具有被动性，无法主动为企业形成保护，一旦被竞争者熟悉后又很难进行调整。所以无法成为主流。

然而最近研究者发现，互联网时代的隔离机制与以往任何时代都不同的是，基于意愿的隔离机制（WIM）正在替代能力为基础的隔离机制（AIM）成为主流，而且与以往制度性隔离机制有所不同。Adner and Snow（2010）以及叶光亮，Priem，and Alshwer（2012）的研究发现近期需求端的研究就有许多从资源角度来看违反常规的行为，那就是根据顾客差异性决定的策略往往使企业在顾客细分的情况下有突出表现，即使企业仅仅拥有已被大家认同的很普遍的资源。但这种基于意愿的隔离机制并非制度性隔离机制，而是基于顾客的隔离机制（customer-based isolating mechanisms，CIM）。

基于顾客的隔离机制在这指以消费者意愿为隔离机制。而消费者意愿更多的表现为购买意愿，即消费者偏好。越来越多的学者认识到"资源之所以能获取经济价值是由于顾客的使用"（Kor，Mahoney，& Michael，2007；Priem，2007）。Argyres，Bigelow 和 Nickerson（2011）对"主导性设计（dominant design）"的研究中发现，科技优势对于产生主导性设计并不是必要的。反而一个主导型设计的出现，以及随后的行业洗牌，往往是由于新的成分组合方式被提出并在消费者中激发了大量未预料到的需求，而非仅靠技术领先。山寨产品之所以有市场，反向创新能获得成功，并不是因为企业拥有优势资源，而是满足了顾客的需要，即使平常的资源也产生了价值。Baker and Nelson（2005）观察29家资源有限的企业然后得出结论——手头资源决定能够解决的消费者需求，消费者偏好决定资源价值。越加关注消费者的创业拼凑就越容易发现未知的消费者偏好，其中甚至包括消费者自己都未发觉的，而实现这些偏好可能仅仅需要一些普通的资源（Ye et al.，2012）。通过对消费者异质性偏好的研究，很多创业机会就有可能被发现。当前很多企业例如小米、饿了么，在没有核心技术的情况，通过识别潜在消费者的喜好和发展创造消费者价值的公司战略。重要的是，相对于重视仅仅与即时买主使用的讨价还价能力，基于顾客的隔离机制使企业明白更需要了解终端用户多样的和不断变化的喜好。

而基于顾客的隔离机制的快速普及是有它特殊原因造成的。一方面就是前面提到的与互联网时代价值创造的方式——价值共创（value co-creation）有关。将以前的议价的竞争博弈变成合作博弈。利用顾客偏好作为博弈的边界，区分价值获取对象。这也促使价值获取的思路必须发生改变，隔离机制也就必须追随改变。另一方面就是消费者异质性显性化的成本降低也为以顾客为基础隔离机制的普遍使用提供了必要条件。价值的创造来源于厂商向消费者提供价值的多少，因此价值的认定者是消费者。当消费者认为厂商向消费者提供的价值比其他厂商更大时，自然就不会轻易转换购买和交易。然而，这个观点在战略管理研究中并非是主流观点，只受到微小的注意（Brief & Bazerman，2003）。其中很重要的原因是消费者的偏好变幻无常，而且很难察觉。大数据技术的产生使得人的偏好由隐性模糊变得显性清晰起来。消费者偏好的可感知化使得实现基于顾客的隔离机制成为可能。尤其是Hadoop平台的出现使得大数据的存储及处理平台成本大幅下降，使得早期只有大公司（沃尔玛、IBM）能够用的起的大数据技术能够被普遍使用。

对于隔离机制，学术界的研究一般分为模仿障碍（impediments to imitation）和先行者优势（early-mover advantage）两种形式（Kumar & Ellingson，1991）。基

于顾客的隔离机制既可以做到模仿障碍也可以形成先行者优势。首先它可以通过客户细分找到自己针对的客户群。然后针对客户群的偏好制造触点形成连接。最后通过连接形成了社群平台。在这个过程中，一方面它可以利用先行者优势通过客户细分快速占领市场结构洞。并逐渐形成社区平台，使得客户产生路径依赖。另一方面，也可以凭借稳定的客户群能影响企业进入市场的意愿，也就形成了模仿障碍。例如构建场景成为移动互联网商业模式的一个突出亮点。在互联网时代，产品加上了场景，成为了一个个商业模式的解决方案。企业越来越不依靠产品的差异化来凸显企业的独特性，反而是提倡产品、场景、与客户或潜在客户的需求紧密结合，通过满足客户的需求来实现自身的独特性。这个过程中，率先进入某场景的企业拥有先行者优势，而形成忠实顾客社群的企业拥有了模仿障碍。

基于顾客的隔离机制为隔离机制增加了新的内容和方式。如前所述，资源基础观与基于能力的先行者优势理论下的隔离机制，都是以增加竞争厂商取得优势资源或能力的难度为出发点，使竞争对手无法接近或通过模仿来取得竞争优势。但是，如果竞争厂商具有很强烈的模仿动机，即使目标厂商有能力去避免竞争厂商的模仿，竞争厂商为其长久性的利润，也会想方设法通过各种方式来模仿。制度性隔离机制的设计则是以降低竞争厂商的模仿动机为要点。然而，制度性隔离机制的建立多半非厂商能主动控制，成效大小也非厂商所能掌控。可是基于意愿的隔离机制能够主动地影响竞争厂商的模仿动机，它填补了以往只能主动影响竞争厂商模仿能力和被动影响竞争厂商模仿动机之外的空白。

## 5.5 网络经济下全面防护性隔离机制的构建

厂商培养知识、资源与能力来产生竞争优势的目的是要创造价值，而隔离机制的存在则是要避免竞争厂商轻易地获取厂商辛苦创造出来的价值。沿着这一思路，可以发现，厂商应该从竞争厂商是否能轻易获取目标厂商的竞争优势的两项要素来判断：一是竞争厂商是否具有取得该项优势的能力；二是竞争厂商是否具有取得该项优势的意愿。此外，面对当今越来越动态的竞争环境，厂商要对动态环境下隔离机制的场景设计有所了解。

如前所述，资源基础观与先行者优势理论下的隔离机制，都是以增加竞争厂商取得优势资源或能力的难度为出发点，使竞争对手无法接近或通过模仿来取得竞争优势。但是，如果竞争厂商具有很强烈的模仿动机，即使目标厂商有能力去避免竞争厂商的模仿，竞争厂商为其长久性的利润，也会想方设法通过各种方式来模仿。制度性隔离机制的设计则是以降低竞争厂商的模仿意愿为要点。

然而，制度性隔离机制的建立多半非厂商能主动控制，成效大小也非厂商所能掌控。因此，如果要有效地降低竞争厂商的模仿意愿，应该要思考是否还有其他类型的隔离机制可以让竞争厂商对手主动知难而退，不再觊觎优势厂商所拥有的竞争优势来源。此外，今日厂商所面临的环境瞬息万变，随着时间改变，许多的产业状况也在改变。目前有效的隔离机制，在外在环境条件改变后，是否仍能发挥其原有效用？因此，动态环境下的隔离机制如何规划，也是厂商建构全面性防护的隔离机制时，不可忽略的重要课题。

## 5.5.1 发展以顾客为基础的隔离机制

价值的创造来源于厂商向消费者提供价值的多少，因此价值的认定者是消费者。当消费者认为厂商向消费者提供的价值比其他厂商更大时，自然就不会轻易转换购买和交易。然而，这个观点在战略管理研究中并非是主流观点，只受到微小的注意（Brief & Bazerman，2003）。关于维护竞争优势的研究，一般都是从厂商的供应端出发，很少把注意力放在需求端。但厂商的价值创造却是与消费者密切相关，没有消费者的购买，就没有厂商的价值创造。因此，在设计隔离机制时，如果能再加入以顾客为基础的隔离机制，对于竞争优势的保护会更周全。

发展以顾客为基础的隔离机制，最主要的目的是要强化"降低竞争厂商的模仿意愿"的作用。在现有研究中，以"降低竞争厂商的模仿意愿"为要求的隔离机制主要以制度性隔离机制为主。然而，制度性隔离机制却非厂商所能主动掌控，其成效是否能发挥，还依赖于竞争厂商是否在明知取得资源或能力，可以为公司带来较佳绩效的情形下,仍会因厂商内部文化或政治上与优势资源不配适而放弃该资源。因此,以顾客为基础的隔离机制设立的目的,就是要让竞争厂商发现就算能模仿目标厂商竞争优势的来源,也无法让消费者转换厂商时,自然就会降低模仿竞争优势来源的意愿。

消费者就算知道其他厂商产品或服务已具有相同优势的情形下,仍坚持与原厂商维持交易关系,这属于市场学中顾客忠诚度的研究课题,一般是从关系的维系与需求变化的实时响应这两方面着手。

(1) 关系的维系:建立顾客与厂商之间的长久关系

当厂商提供给顾客真正需要的价值时,就能与顾客建立长久关系,获得顾客的信任并从顾客身上获取更多的利益(Lemon,2001)。研究显示,厂商与消费者之间长期反复的互动会形成让效率提升的惯例。这些惯例可从简单的"遇到困难时跟谁接触"到复杂的"知识分享惯例"(Li et al.,2006)。成功的反复互动也提供了信任的基础,得以让消费者不需要针对厂商去监督或设立高度的保护性防卫机制,进而降低采购的成本。此外,厂商越重视关系权益的经营,会带来顾客对厂商的感激。(Chiu,Hsieh,Li & Lee,2005;Palmatier et al.,2009) 从而强化顾客与厂商之间的情感连结,进而提升顾客忠诚度,降低顾客转换厂商的比率。因此,当厂商与消费者之间已产生特别的惯例和长久关系后,竞争厂商就无法轻易替代,也降低了模仿的意愿。

(2) 需求的预先响应:发展优于竞争厂商的营销能力

事实上,营销能力与营销资源的配置有关。优秀的营销能力能让厂商比竞争厂商更容易察觉到顾客的需求变化,并预先响应(Danneels,2007)。由于对顾客需求的预先响应,能让厂商推出的产品或服务抢先符合消费者的需要,进而减少顾客转换品牌的概率,厂商的绩效也会随之提升。因此,通过优秀的营销能力,厂商可以比竞争厂商更快察觉到市场上顾客偏好的细微变化,甚至在多数消费者都还不清楚更适合自己的产品前,就率先推出更符合消费者所需的产品或服务。而这样的作法可以提高顾客满意度以及顾客忠诚度,同时也降低了竞争厂商在往后以类似价值提供给消费者时,消费者转换品牌的可能性。例如,在平板计算机市场,Apple率先推出 9.7 吋携带方便且适合多媒体应用的 iPad，接着又推出屏幕分辨率高的升级版本，而后则推出重量减少三分之一，更便于携带且效能更强大的 iPad air。Apple 之所以能不断推出更符合消费者偏好的产品，主要也是归功于其对需求变化能实时响应（Vorhies and Morgan，2005）。

以顾客基础为主的隔离机制，即便厂商在竞争优势上和竞争厂商相同，也可因为消费者对厂商的信任、满意及忠诚，让竞争对手失去模仿的意愿。因此，除了增加模仿的难度与设法取得先行者优势，以及适时的运用制度性隔离机制外，如果厂商可以建立以强化关系维系或预先响应需求变化为要求的隔离机制时，相信厂商所拥有的竞争优势会维持的更长久，厂商的绩效也会持续提升。

## 5.5.2 高度动态环境下隔离机制的设计

今天，随着全球经济一体化，某些产业的环境变迁速度日新月异，也造成产业脉动（speedclocks）极快产业的厂商可能无法确保，辛苦投入所创造出的价值能够完全归于自己。例如，在新产品更新淘汰速度极为迅速的产业中，当厂商斥资研发出新产品后，可能三个月后就有类似的产品上市，来分享这些新产品的市场和利润。因此，随着竞争日趋激烈，且技术的更新换代速度越来越快的情况下，隔离机制要如何设计，将是厂商要思考的方向。

由于厂商利用创新来创造及维持竞争优势的目的是要创造价值。创新所带来的利润如果足够大，则竞争厂商就会设法找出可以模仿这一创新的方法。竞争厂商可能通过挖角重要的厂商员工、设法利用先行者有关键资源、运用逆向工程，或者采用跳蛙战略来模范、模仿或解构这项创新。再加上环境的高度不确定以及环境包容性的变动，厂商要设法维持竞争优势的持久性是越来越困难了。因此，Morrow 等人（2007）认为，在高度动态的环境中，长期持有一个竞争优势是不可能的。从另一个方面来讲，厂商应该寻求一系列短期的竞争优势。因为创造一系列短期的竞争优势可允许厂商在维持前期所创造的价值同时，又能创造新价值。所以当厂商以追求一系列短期的竞争优势为主时，在隔离机制的设计上就要朝以掌握一系列短期竞争优势的核心价值来着手。举例而言，如果一系列短期竞争优势的核心价值是源源不断产生的新创意,其隔离机制就要通过不断产生新专利的方式来设计。因此在隔离机制的设计上不需要追求可长久抵挡对手的设计,但是要确保在下一个短期优势出现前能有效抵挡竞争对手的模仿或取得关键资源,就算是成功的隔离机制。因此,在高度动态的产业环境下,厂商在隔离机制的设计上必须着重一定程度的动态性与应变性。

### 5.5.3 建构全面性防护隔离机制

厂商如果要建构全面防护性隔离机制,必须从影响竞争厂商模仿能力和影响竞争厂商模仿动机这两个层面同时着手。在"影响竞争厂商模仿能力"的层面,厂商可以运用由资源基础观所提出以增加竞争厂商模仿难度为要点的"战略性隔离机制",以及由先行者优势理论所提出让竞争厂商无法轻易接近优势资源为要求的"先行者优势"隔离机制来达到保护自己竞争优势来源的目的。至于在"影响竞争厂商模仿动机"这个层面,厂商则可以运用强调关系维系与需求预先响应的"以顾客为基础的隔离机制"来让竞争厂商主动放弃模仿。此外,如果竞争厂商的文化与政治背景与优势资源不配适,厂商还可以善加运用此"制度性隔离机制"来加强竞争对手放弃模仿的意愿。

针对处在高度动态环境中的厂商,必须额外考虑如何以创造一系列短期的竞争优势,来让厂商在维持前期所创造的价值的同时,又能创造新价值,并以此避免价值的过时。

## 5.6 本章小结

本章主要是讨论网络经济隔离机制。在研究价值获取的两种机制——竞争机制和隔离机制下,指出了竞争机制对于企业能力的要求很高,而且价值获取的份额也不稳定,所以隔离机制是商业模式的重要手段。本章对于隔离机制的特性和以往隔离机制的类型进行了描述,在此基础上研究网络经济下隔离机制的变化,其中包括需求端导向下对于消费者的重视，基于医院的隔离机制取代基于能力（包括资源）隔离机制，最后得出当前的隔离机制是基于顾客的隔离机制，以及网络经济商业模式全面隔离机制的构建。

基于以上研究，我们得出以下命题：

b1　社群通过连接消费者偏好建立隔离机制获得连接红利

b2　平台通过多次连接满足消费者需求，通过先行者优势和路径依赖（连接参与者）实现隔离机制获得连接红利

b3　场景连接同质消费者，强化隔离机制

# 第6章  网络经济商业模式的治理机制

治理机制是企业与合作伙伴间互动的规范，它是一种界面规则（刘雪梅，2012）。界面就带有互动的意思，而组织间关系是界面规则的载体（罗珉，何长见，2006），因此界面就是来源于组织间的互动，界面规则就是产生于组织互动过程中，它的形成前提是存在组织间关系。而网络经济的组织间关系是复杂的，它所包含的要素比任何时代都要多。在互联网时代，组织间关系包含在一个价值网络当中。这里，价值网络成员除了核心企业外，还包括供应商、渠道商、顾客、竞争者与互补者（complementors）等利益相关者。而在共创价值的需求下产生的竞合关系让组织间关系变得更加复杂。下文中我们通过基于引力公式的经济学分析网络经济组织间关系的特征，然后通过界面规则来剖析网络经济下治理机制的变革。

## 6.1  网络经济的组织间关系

价值活动既是为消费者创造使用价值的活动，也是为组织创造利润的活动。可以说价值活动首先是一个交换的过程，可并不是任何企业和消费者都能实现交换。第一个能影响交换的是组织自身的价值，它是消费者实现交换考虑的重要因素，在网络经济时代，组织自身的价值呈现一种收益递增的趋势，这与传统经济学中的核心原则——收益递减是背道相驰的。在以往的主流研究中，很多都是从消费者效用或企业绩效的角度去考察交易双方的某一方，在治理机制的研究上也往往倾向于一方。但是在网络经济中，仅仅一方的价值最大化是无法实现价值共创，也无法创造出最大的价值。所以我们从双方同时来考虑。在下文中我们基于引力模型来对价值活动和组织间关系做出经济学解释。

## 6.1.1 网络经济下的引力模型

艾萨克·牛顿 1687 年在自己的著作《自然哲学的数学原理》提出万有引力的定义：任意两个质点有通过连心线方向上的作用力相互吸引。该引力大小与它们质量的乘积成正比与它们距离的平方成反比，与两物体的化学组成和其间介质种类无关（汪家訸，1987）。用数学公式来表达就是：

$$G\frac{M_1 \times M_2}{r^2} = F$$

分别为 $F$ 表示两物体之间引力，$M_1$ 代表物体 1 的质量，$M_2$ 表示物体 2 的质量，$G$ 为万有引力系数，$r$ 表示两个物体之间的距离。

随着各学科的发展和演进，就万有引力自身而言，随着对它的继续研究演化出万有引力场和万有引力算法（GSA）等新工具。从应用范围来看，引力模型被推广到了其他领域。甚至包括生物学、航空学，也推广到了经济学和管理学当中。齐夫（Zipf）在城市经济学中利用引力模型来研究城市之间的相互作用，他认为两城市的作用力是与两个城市的人口数量成正比，城市之间的距离成反比的。美国学者威廉·J. 雷利（W. J. Reilly）的"零售引力法则"则根据万有引力来判断如何通过两个不同商业中心的人口总量和它们之间距离来衡量商业中心服务范围。按照雷利零售引力法则，一个城市对周围地区的吸引力，与它的规模成正比，与它们之间的距离成反比（巴里·伯曼，2010）。康维斯则根据万有引力模型提出了城市引力模型，即一个城市对周边的吸引力，与它的规模成正比，与相互之间的距离成反比。除此之外，类似的还有戴维·哈夫（D. L. Huff）提出的哈夫商圈模型、L. J. Crampon 在 1966 年将引力模型引入旅游研究中提出的旅游地模型。在国际贸易领域，Tinbergen 和 Poyhonen 于 1963 年提出了贸易引力模型。如今这些模型被当作经典模型给后来的学者进行演变和进一步应用。

而这个引力公式同样适用于进行价值活动的各单元体（企业、供应商、销售

## 第6章 网络经济商业模式的治理机制

商、顾客等)之间。首先在组织间存在着吸引力和逃逸力。这两种力的强弱直接影响到各单元体对网络的选择和取舍。也就是说组织间连接网络的吸引力大,各单元体被吸入网络;组织间连接网络的逃逸力大,各单元体则逃离网络。当然也可能存在组织间连接网络吸引力和逃逸力相等的时候,这种状态下,通常被学者称为界面规则(Interface Rules)。从另一方面说,正是这两种力量决定了是否有价值活动产生。在这里,我们可以把逃逸力看作吸引力的反作用力,也就是说当吸引力降低时,就是逃逸力在起作用,而两种力量的绝对值应该是相等的[①]。所以引力公式在组织间是适用的。

其次企业与顾客之间也存在吸引力和逃逸力的问题。如何强化企业对顾客的吸引力一直是企业家的核心课题,甚至是对于潜在客户的吸引,用德鲁克的话来说,企业存在的目的就是为了创造客户(create customer)。无论理论上的需求是什么,关键在于如何创造客户,如何创造市场(create marker)。而这只有当企业家用自己辛勤的工作将它转变为有效需求之后,才会产生一个现实的顾客和现实的市场。这个过程就是企业创造价值(create value)的过程。

企业与顾客之间的引力是需要通过媒介产生的,这个媒介就是产品与服务。当产品与服务能够对接消费者的认知价值。企业与顾客间就会产生引力,这种引力随着顾客对产品与服务的价值认知程度而发生变化,认知程度愈高产生吸引力就愈大,双方的由此而产生的价值活动也就愈剧烈,企业也就能创造更多的价值。反之则相反。而企业应当如何建立竞争优势,如何使已获得竞争优势得以持续和扩大,企业界为此进行了长期积极的尝试,学术界也从战略、运营、供应链等多角度进行了探索,但实践证明仍然无法为企业找到准确的答案。本文认为企业的竞争优势确立于市场,因此仅注重于组织内部改进是不够的,没有需求导向,缺乏顾客认知,企业真正的可持续的竞争优势是难以建立的。德鲁克在他的《管理的实践》中说道:"企业的基本职能只有两个:市场营销和创造革新。其他工作都是成本(罗珉,2009)。"而市场营销是为了了解客户,创造革新则是为了满足客户需求。从中不难看出,企业要实现价值创造的关键就是强化与顾客之间的引力,而非仅对自身的情

---

[①] 需要注意的是,在现实生活中,逃逸力起作用的表现就是引力趋近为0,不会出现引力为负的情况。

况进行改善。在共同创造的前提下，处于长期交换的考虑，供求双方的引力是需要保证的。由于企业、供应商、顾客都属于价值星系的引力集合体中（罗珉，冯俭，2006），所以从这个意义上来说，均以企业消费者关系、组织间关系均指代供求关系，提供者为供给方，接收者为需求方。

正因此，为了能够准确的把握价值活动，我们用引力模型来表达，并对它赋予新的含义：

$$G\frac{M_1 \times M_2}{r^2}=F$$

## 6.1.2 引力与交换价值

F 在这里指的是两个单元体之间的引力[①]，当 F 为正值时，表现为双方之间的吸引力；当 F 为负值时，表现为双方之间的逃逸力。引力并不是固定不变的，它会随着外部环境的变化、成员之间的相互复杂作用发生改变。因此，它是一种随机涨落力（李嫄，2007）。但是引力的涨落一般是有阈值的，在价值共创的前提下，供求双方关系还是组织间关系处于长期交换的考虑，均具有自我维持性和相对惰性，呈现惯例化的特征。但在网络经济下，由于单一企业的能力和资源有限，合作是组织发展的必然趋势，所以组织间关系具有开放性（罗珉，任丽丽，2010），外来因素的加入有可能打破以往的界面规则，引起突变，导致引力的涨落突破阈值，但在自组织性的作用下，界面规则又会趋于稳定。

所以引力是具有间断稳定性的随机涨落力。稳定性表现为它具有相对阈值，一段时间内在阈值的范围内实现微涨落。间断性表现为在一定条件下，它会突破阈值，实现巨涨落，到达一个新的平衡点。

在大部分时候，引力是无法衡量的，它很多时候对于双方来说表现为一种偏好，但偏好更多时候是一种性质。即使在实现交换过程中，双方也都会想做出更有利于自己的决策，而这些决策都无时无刻的不在影响着双方之间的引力。只有在实

---

[①] 由于内部市场外部化的趋势越来越明显，组织间单元也可以简单的看作企业和顾客，所以均可套用此公式。

现交换的时刻[①]，它会体现为交换价值，才能进行量化。

价值活动的过程中，交易双方的关系在不断的调整，但往往交换价值越高的时候，双方的关系也越紧密，而交换价值越低时，双方的关系也越疏远。从这个角度来看，交易双方的引力公式也可以看作是实现交换价值的表达式。

## 6.1.3 期望－感知差距

$$\frac{\partial F}{\partial r} > 0$$

公式中的 $r$ 代表的是"期望－感知差距"，"期望－感知差距"也就是顾客接受服务的过程前对服务的期望与接受服务的过程中感知到的服务进行比较所形成的差距。1982年，克里斯琴·格罗鲁斯（Christian Grönroos）首先提出了"感知服务质量"的概念。他认为服务质量是由顾客来评价的，并对其进行了分类，其中包括技术质量感知、功能质量感知与企业形象。1984年，克里斯琴·格罗路斯对"感知服务质量（Perceived Service Quality，简称PSQ）"理论提作出了修订，提出感知服务质量公式：感知服务质量=感知服务质量的结果—感知服务质量的期望。由此可见感知服务质量的是顾客期望的质量与感知的质量之间的差距，这就是"期望－感知差距"模型的雏形。1985年 Parasuraman, Zeithaml 和 Berry（PZB）通过进一步研究，正式提出了服务期望－感知的差距模型。在过程中消费者，也就是交换的一方，根据口碑、个人需要和过去经历形成对服务的预期（expectation of service，简称ES），然后再与接受服务的过程中感知到的服务（perception of service，简称PS）进行比较，当PS＞ES，PSQ＞0；PS＝ES，PSQ＝0；PS＜ES，PSQ＜0。但无论"感知服务质量"大于或小于零，只要一旦"期望－感知差距"的绝对值增大，双方之间的引力都会降低。在现实生活中，感知服务质量过大往往指代奢侈品，感知服务质量过小的常常是劣质品。此后 Jeanke、Ron、Onno 又将研究深化了下去，他们开始察觉到"期望与感知差距"并非源自于某一方，于是他

---

[①] 我们甚至可以把交换看作是一种即兴（improvisation）行为，既非事先约定，也非事先规划的，而是随机应变的行动。

们从企业和顾客两个角度进行分析，就一个模糊的概念到市场上的具体产品的整个价值创造过程进行了新的描述。在这个过程中，双方存在着感知差距，也就是企业以设计的具体服务或产品为载体的"设计价值"和顾客的"期望价值"之间的差距。它反映了"提供的价值"与"需求的价值"之间的差距，而这个差距的来源是由于信息的不对称，即"信息差距"。由此可见只有缩小企业与顾客的信息差距，才可能为顾客提供真正其所需要的价值。

同样随着内部市场外部化，模块化组织间也存在着同样的差距，综上所述，"期望－感知差距"指的是交换双方对对方未来行为的预期和自身对随后结果的感知之间的差距。目前公认的量表有 SERVQUAL，给出了"期望－感知差距"的五个结构性维度，分别是可感知、诚实可靠、顾客敏感、值得信赖、同理心。

表 6-1　为 SERVQUAL 量表

| 维度 | 定义 | 提项 |
| --- | --- | --- |
| 可感知 tangible | 用户在接受服务时可体验到的所有 | 1. 服务设施具有现代化的特性<br>2. 兑现客户要求的及时性<br>3. 服务人员着装整齐、干净整洁<br>4. 服务设施与服务的匹配程度<br>5. 具有视觉的吸引力 |
| 诚实可靠 reliability | 可靠准确地履行所承诺服务的能力 | 6. 消费者有问题能及时帮助其解决问题<br>7. 公司是可信且值得依赖的<br>8. 在要求的时间内完成承诺的服务<br>9. 正确的记录相关服务 |
| 顾客敏感 responsiveness | 愿意帮助顾客并提供其及时服务的能力 | 10. 告知顾客提供服务的准确时间<br>11. 提供及时服务<br>12. 服务人员总是愿意为顾客提供帮助<br>13. 服务人员有足够时间为顾客提供服务 |

续表

| 维度 | 定义 | 提项 |
|---|---|---|
| 值得信赖 assurance | 服务人员的知识与礼貌使顾客产生信任的能力 | 14. 服务人员可以信赖<br>15. 从事交易时顾客可以感到放心<br>16. 服务人员懂得礼节<br>17. 企业能给予服务人员足够的支持，以促使服务人员更好地为顾客提供服务 |
| 同理心 empathy | 关心顾客并为其提供个性化服务 | 18. 服务人员指导顾客的不同需求<br>19. 服务时间满足每位顾客的要求<br>20. 能对不同的顾客提供针对性服务<br>21. 顾客利益放在首位<br>22. 服务人员为顾客提供个别关怀 |

资料来源：Parasuraman A. Zeithaml V A，Berry L L. 1988. SERVQUAL：a multiple-item scale for measuring consumer perceptions of service quality. Journal of Retailing，64（1）：12－40

## 6.1.4 企业价值

$$\frac{\partial F}{\partial M_1}>0$$

$M_1$ 在这里指的是供应方体现的价值，这个角色往往是由企业所担当的，也就是企业价值。企业价值体现为企业的创造能力和盈利能力；它反映在资本市场上是企业全部资产的市场价值总和；是企业参与市场交换的价值基础。

而在网络经济下流行的是"赢者通吃"。收益递增是网络经济与工业经济时代的不同。所以网络经济下企业价值与收益递增法则成正反馈。而在互联网时代，最重要的、与用户相关的收益递增法则是梅特卡夫法则，法则含义是：网络的价值，为用户的平方。这个法则有两个原因：一、当加入网络的计算机数增加时，交叉支点数可能增加。二、当网络用户数增加时,网络能创造的共同价值增长。由于网络的成本随着网络的容量的增加而递减,网络的价值随着网络的容量的增加而递增,对处于网络节点上的企业来说,当与它连接的组织或顾客越多,企业的盈利能力,也就是收益越高。这适合于任何一个超循环组织,正因为此,就如罗珉所说,由于价值星系具有极强的外部性,价值星系的范围越大,就越具有吸引力(罗珉,冯俭,2006)。

网络价值的公式为

$$V = n^{(n-1)}$$

对于企业来说,企业价值与该网络价值成正比。即

$$M_1 = KV = K n^{(n-1)}$$

## 6.1.5 顾客价值

$$\frac{\partial F}{\partial M_2} > 0$$

Conner(1991)认为企业产品盈利的两个途径:(1)产品创新:与老产品相比对顾客具有超强的吸引力,而且没有任何替代品可与之相比。(2)价廉物美:在同质性产品竞争中占据高品质低成本的优势地位。换句话说,价值与资源自身能力以及消费者偏好都是有关的。而消费者对价值的主要判定与顾客价值有关。

$M_2$ 在这里指需求端的价值,一般来说也被叫做顾客价值。顾客价值是与企业价值相关的另一个重要概念。随着网络经济和共同创造的趋势,顾客或需求端对于价值创造的影响越来越大,许多研究者对于从不同侧面进行过研究。叶光亮和 Priem(2012)就曾针对这个趋势提出了消费者协同,所谓的产业间多元化的消费者协同,是指通过提供产品或服务综合体来增加由个人产品或服务提供的消费者效用,进而创造更多的消费者价值。换句话说,就是通过增加消费者价值来创造更多的消费者价值。克里斯琴·格罗路斯等人则研究了心理距离对于消费者作为价值创造者的影响(Grönroos,2016)。

对于顾客价值本身的理解许多学者提出了自己的看法,Stehl 认为顾客价值是

人们时常期望在自己的生活中，通过某种产品或服务的获得给自己带来某种结果的感觉。而 Sean Meehan 与 Patrick Barwise 看来，顾客购买某种产品或服务时总是会在支出和收益之间盘算，他们盘算的就是顾客价值。对此有类似观点的还有 Zeithaml（1988），他认为是权衡顾客感知到的效用和付出成本。Monroe（1991）的观点是，顾客价值是比较顾客对产品的感知利得和感知利失。网络经济时代人们在专注产品使用价值是否提升的同时，更在意产品可以被感知程度，也就是顾客体验的效果；Boztepe（2007）企业要想通过产品获取价值，在考虑产品的使用环境的同时，更关心顾客对它如何理解。而只有通过体验和参与，顾客对于产品的了解和认可程度才可能提升（也可能降低），被感知的使用价值才能增加。Kotler 则是用让渡价值理论来解释顾客价值。他认为顾客价值就是由企业让渡给顾客的。其中顾客让渡价值分为顾客总价值与顾客总成本。而顾客价值也就是顾客让渡价值为顾客总价值与顾客总成本的差值。对于顾客价值研究的国内学者也不乏其人。肖月强（2006）认为可以用消费者剩余来解释顾客价值，这种消费者剩余等于顾客购买某种产品或服务获得的收益减去实际付出的成本。而李红霞（2009）则认为顾客价值来自于主观判断，是特定环境中顾客对某种产品的价值感受及付出愿望的总体评价。

而顾客价值最相关的是需求。马斯洛（Maslow）在 1954 提出了人的需求层次，分别是自我实现、尊重、归属、安全以及生理五种需求，后来 Alderfer 在此基础上于 1969 年提出了 ERG 理论，包括生存需求（Existence Needs）、关系需求（Relatedness Needs）与发展需求（Growth Needs）。与马斯洛人的五种需求中对应不难看出其中的联系，最高层次的发展需求对应的是尊重需求和自我实现，关系需求中包含了归属需求和尊重需求，生存需求对应的是安全需求和生理需求。毫无疑问，顾客的期望与她的需求层次是有直接的关系的，而这就会影响顾客价值。朱开明于 2005 年就曾针对马斯洛需求层次理论，将顾客价值因素分为了人文属性、质量属性、功能属性来进行分析。

## 6.1.6 引力系数

引力在不同行业、地域、种类、文化偏好中并不是表现一致的。譬如自媒体节目与电子商务平台的引力系数就不太相同。相比之下，自媒体节目在文化偏好上更加明显，输出产品与需求顾客比较贴近，而电子商务平台则是更多元化的偏好，同时输出产品以丰富为主。所以在大方向不变的情况下，要根据具体情况来确定它。

## 6.1.7 网络经济组织间关系与组员数量之间的正反馈效应[①]

在网络经济下企业的数量为 $n$，显然它与引力 $F$ 之间存在关系，为了能够更好把握在网络经济下引力与企业数量之间的关系，我们采用数学模型的方法进行分析。假设在一个完全竞争市场条件下，我们引入引力模型。

$$G\frac{M_1 \times M_2}{r^2} = F$$

代入 $M_1 = K n^{(n-1)}$

$$G\frac{K n^{(n-1)} \times M_2}{r^2} = F$$

一阶条件

令：$\ln F = \ln G + \ln K + (n-1)\ln n + \ln M_2 - 2\ln r$

$$\frac{1}{F} \cdot \frac{\partial F}{\partial n} = \ln n + \frac{n-1}{n}$$

$$\frac{\partial F}{\partial n} = F\left(1 - \frac{1}{n} + \ln n\right) = G\frac{K M_2}{r^2} n^{n-1}\left(1 - \frac{1}{n} + \ln n\right)$$

然后进行求极值

$$\frac{\partial F}{\partial n} = 0$$

则 $\left(1 - \frac{1}{n} + \ln n\right) = 0$

可得极值为1，即当 $n=1$ 是 $\frac{\partial F}{\partial n} = 0$

同时当 $n \geq 2$ 时，$\frac{\partial F}{\partial n} > 0$

---

① 这里的正反馈关系指的是引力与企业数量之间的关系。在这里我们解释了企业节点越多，引力越大，引力与企业数量之间的正反馈效应，以及阈值；等价交换；解释跨界与融合的必然

## 第6章　网络经济商业模式的治理机制

可以看出，在网络经济时代，当企业仅有一个节点时，它的引力为最小值。然后随着企业的节点增多，整个网络的引力也会变大。所有的企业、顾客和中间组织之间也就更加的团结。企业的节点与引力之间形成了正反馈效应。作为具有激励和约束的机制，正反馈效应能够促进整个网络自我激励和自我发展。究其原因主要有三个方面。

首先网络经济时代的中间组织具有极强的外部性，所以辐射的范围越大，就越具有吸引力。随着价值星系或价值网络的逐渐壮大，它的溢出效应也就越来越明显，能够提供的显性与隐形价值也就越来越多，例如小米的品牌价值对于小微企业来说就很具有价值，它不仅仅代表了品质的认可，还有小米背后巨大的粉丝团"米粉"们的价值认同，这对于需要市场的小微企业来讲是十分有诱惑力的，也会加剧他们融合的趋势。

其次是组织间的分工合作产生了更多的社会资本，使得社会资本总存量增加，进而实现社会资本的再生产。而在网络经济时代，社会资本正在逐步的取代市场资本成为关键。在讨论顾客社群和熟人众筹的例子中，赵振认为这就是社会资本对市场资本取代的开始（赵振，2015）。社会资本成为当前企业追逐的资源。随着社会资本的积累，无形中促进了企业的加入。

最后也是最重要的，随着技术的发展，尤其是大数据技术的应用，信息的透明化能暴露出更多企业的自身价值与需求，企业间竞争的可能性大大下降。而信用的数据化也为协作降低了标准。由于信用的数据化，企业信用和诚信不仅可以被相关行业企业轻易获得，而且可以作为历史数据在将来用于参考。所以企业投机行为的成本大大增加，而互惠行为的激励作用大大提升。在这双重作用下，组织间的逃逸力会被削弱，组织间吸引力会增强。

这种引力与企业数量的正反馈效应也与报酬递增互为命题。一方面报酬递增提升整个网络的价值，促进着企业的加入；另一方面，根据梅特卡夫法则，企业数量的增加恰恰实现了报酬递增。这种随着网络节点的增加而引力增大的效应，称为网络正反馈效应。

值得注意的是，网络经济商业模式中的负反馈效应正在显现。在传统工业经济中，组织间关系与组员数量之间的负反馈效应是非常常见的现象，价值星系的核心企业对于整个星系的控制力往往随着企业数量的增加而下降，这是由于传统工业经济依赖的是企业拥有的资源或者能力，这种能力会随着星系中企业数量的增加而被稀释。而在网络经济中，核心企业对于整个价值星系的控制力来自于消费者或参与者，也就是参与者越多，吸引力越强。但是随着网络经济的发展，出现很多负反馈的现象，比如消费者注意力的转移以及参与者的主动离场。作者认为这说明即使在正反馈效应下，互联网企业的规模也是受很多因素影响的。比如信任的有效程度、监管力度等。

## 6.2　商业模式治理机制的变革与特征

作为设计组织间成员角色定位、利益协调的界面规则，在连接下它的变化与互联网下价值获取方式变化有必然的联系。界面规则的形成过程分为两种：渐近式和突变式。互联网带来的是界面规则突变式的改变。只有外界特定的干预才能打破界面规则的自组织性，而这种特定指的是外界以非特定的方式作用于系统。大数据技术就是这种非特定的方式，它把企业对消费者异质性的反应从即兴（Improvisation）行为转变成了组织记忆，并将最终形成新的界面规则。而这些界面规则也带来新利益协调机制（Hamel，1991），安排界面下各组织的价值获取。

由于消费者异质性的可感知化，使得界面规则中的吸引力和逃逸力产生了远大于随机涨落力的波动，界面规则出现巨涨落。带来了界面规则要素的改变，并促使治理机制发生变化。

### 6.2.1　网络经济界面规则要素变化

首先，界面规则要素变化最大的首推组织间信任，组织间信任指一方对交易伙伴的可靠度和诚实有信心。在信任的基础上，交易成本可以得到节约。信任作为管理机制更可以减少组织间交换的不确定性和投机行为。很多以往的研究都认为组织间信任是通过合作经验积累所获得的。可随着互联网时代的到来和大数据技术的推广，一个组织的诚信成为一个可量化的变量，并且由于互联网的开放性，诚信不仅被记录下来具有可积累行而且透明度增高。也就是说组织间交换即使第一次发生，一方也可以通过诚信记录对另一方产生信任，与此同时，由于诚信的透明化，使得投机不仅影响与当前交易的质量，更影响未来与其他交易伙伴交易的可能性，所以成本变得非常高，迫使企业不敢进行投机行为。这些使得组织间交换的关系需求从需求强关系到允许弱关系，交易的范围变广阔，交易成本降低了。由于界面规则是事实规则而非正式规则或论坛规则。所以界面规则的变化不存在滞后性，要素的改变与外界特定的干预是同步的。在组织间信任改变的同时，组织间内部市场、市场价格机制以及市场厚度也都在发生着变化。

其次，在组织间内部市场方面，以往组织间合作往往是通过纵向一体化或者以资源或能力效用为判断的横向发展，但是随着需求端异质性的可量化，组织间内部市场的扩展开始通过消费者效用判断横向发展方向。企业资源的价值是看它们对于增加消费者效用的贡献。所以消费者效用并非资源价值的重言（tautological with resource value）（Ye et al.，2012），来自需求端的消费者效用并不等值于资源价值。"曾经界定战略和领域非常清晰的边界变得模糊"。（The Economist，2012a）苹果和谷歌即使发家于硬件公司和搜索公司两个不同的行业，依然不妨碍他们成为激烈的竞争对手。Facebook与Netflix、Spotify结盟并引进图片搜索来挑战谷歌。微软透过Nokia进入硬件市场。这些动态的互动激发了顾客那种想表达的预期或潜在的需求，这些在很多行业都已司空见惯了。但是很多学者并没有给予这类消费者导向的商业模式的出现以足够的重视。相反的，Priem（2013）发现更多聚焦在基于生产者的资源基础观，这会使我们失去了解来自于消费或需求端的新知识的机会。

再次，组织间关系网络的市场厚度是为了降低不确定性。由于组织间信任的提升，所以组织间关系的不确定性也获得了提高，反而现在主要的风险聚集在规则制定者——平台身上。由于平台占有的价值巨大，仍存在做出投机行为的可能。最近的P2P爆出的信贷风险往往就出自于平台。如2011年天使计划携款"跑路"。2012年12月的网贷公司安泰卓越的投资者上百万元资金被套。以及同时网络贷款平台优易网报出的危机。

最后，组织间关系的市场价格机制发生了变化。在组织间结构扁平化和对于需求端的关注，价值的分配发生了变化，而价值分配的改变和价值获取有必然的联系。市场价格机制与资源之间的关系开始下降，在过去二十年的一个重要共识是，在资源基础观中，企业资源的价值是由外界所决定的（Kraaijenbrink et al., 2010）。这个外生性问题如今可以通过将消费者异质性纳入战略管理的范畴里来解决。新兴的需求端的观点能在战略框架中确定资源的价值，并补充现有的资源基础观和企业定位观（Schmidt & Keil, 2013）。这并非表明资源没有价值了，而是资源的价值要根据消费者的需求来决定。简而言之，就是企业的资源和战略帮助消费者获取（或共同创造）更多的价值。价值创造作为消费者体验收益的形式，它确定了企业价值系统所应获得的回报以及企业资源与策略的价值（Priem, 2007）。所以企业资源的价值是看它们对于增加消费者效用的贡献。以往可能具有资源优势的企业反而今天在市场价格中不占优势，资源相对平常的企业反而发展顺利。

界面规则是兼具开放性和相对惰性，这导致界面规则具有间断平衡性，也就决定了界面规则的每次变革都是具有研究意义的。然而界面规则的改变往往是渐进式的，作为特例，这次界面规则的突变与大数据技术的产生有很大的联系。界面规则的四要素的改变决定了治理机制的必然变化，也暗示着企业完成价值获取必须使用与以前不同的方法与方式。作为事实规则，界面规则与环境的变化必然是同步的，企业必须紧紧跟随界面规则的变化，变换商业模式，利用好新的界面规则，才能保证立于不败之地。

## 6.2.2 网络经济商业模式治理的特征

界面规则本质是一种协调机制。它是组织间学习的成果。所以从某种程度上来讲它是组织间互动的结果，是对于市场环境的调整和反应。随着需求端异质性被关注，客户被包含在组织的概念当中。治理机制必然发生很多变化。美国教授 Adler（2001）指出，协调机制除了可以来自市场、等级，还有社群，而这个社群是基于信任的。在互联网时代下，组织趋于扁平化而合作关系向弱连接发展，这些使得社群式的协调方式更有利于组织间关系的治理，而非曾经组织最擅长的科层式协调机制。

信任作为一项制度安排同样可以确保组织间网络成员获取价值。在有大数据等网络技术作为保障，信任变得比以往任何时代更加可靠，组织更加重视自身的信用而约束投机行为。这极大的降低了交易成本，无形中就增加了连接红利。在这种情况下，价值分配更加合理，因为价值分配中任何的利己行为都是可察觉的。

企业虽然不再依赖以往的技术完成价值获取，但是在社群协调机制下，企业可以利用所建立的平台的吸引力，通过消费者偏好（意愿）的异质性，依然能够形成隔离机制，并获得李嘉图租金和彭罗斯租金，还有关系租金。由于满足的是一种类型的需求，这个企业就占领了这个市场（偏好）结构洞，实现了在这个价值网络下的价值专属。

网络经济商业模式是从顾客出发的商业模式，强调根据消费者偏好来提供定制化需求。所以网络经济商业模式实现了组织经济学中的理想状态——有效规模，把交易成本降到了最低，同时减少了大量的组织冗余，促使企业获得更多的利润。

与此同时，网络经济商业模式的社群是根据相同偏好的人群建立的，它在一定程度上降低了伙伴的多样性，降低了关系治理的难度。其次关系治理强调的信任和契约也是网络经济商业模式的内在特征。所以关系治理对于网络经济商业模式来说是有效且重要的，反过来，由于关系治理发展出的信任是一种异质性资源，它让商业模式变的难以模仿。

在网络经济商业模式下，知识治理的载体分为价值商店和价值网络。被当做服务或产品销售的知识是不具备外部性的，企业为了从中获取更多的价值会抑制知识的溢出。如网上的英语教学产品是通过购买获得且单机使用。而知识用于共享时，知识的溢出性得到释放乃至鼓励，价值网络中的知识治理通过分享与互动得到实现。

## 6.2.3 基于产品的界面规则

组织间关系主要是两种力起作用，分别是吸引力和排斥力。而两者的平衡态就是组织间关系的界面规则。在界面规则中这两种力量，即吸引力和排斥力分别指代的是连接和隔离机制。在这过程中，产品不仅充当了连接的载体，而且还是实现隔离机制的手段。连接的目的是为了提升价值，形成价值专属。因为连接不能凭空产生，连接需要载体，或硬件或软件或应用或服务。从而通过连接会带来新资源，所以反过来产品由于连接有非常好的延展性。以智能手机为例，从历史来看，在国际消费类电子产品展览会（简称CES）上，智能手机的小型化一直都是诸多厂商展示的亮点。但是，2015年CES展会上，大尺寸智能手机却成了各家厂商展出的主打产品，这是因为手机尺寸变大带来了其功能的拓展，使传统智能手机融入了平板电脑的"基因"，一个拥有5英寸显示屏的连接载体，让消费者更便捷的连接外界。需要强调的是，产品指代硬件或软件或应用或服务，它是一个统称。以往企业形成价值专属是通过研发利用能力或资源的异质性，产品是技术的载体，产品表现了企业资源与能力的异质性；与传统的商业生态系统不同的是，互联网时代的商业生态系统不再仅仅是厂商组织间的商业生态系统，而是厂商群与消费社群共同构建的互联网商业社群生态系统。这种商业社群生态系统的根本价值，是实现社群中不同层次消费者的价值主张与价值满足。应当看到，在商业社群生态系统的构建过程中，消费者因为好的产品/内容/服务而聚合，并通过社群而实现沉淀。因此，消费者聚合与消费者沉淀是同一过程的两个方面。因为用户深度参与式的互动，构成了社群的价值界面，共同价值主张和兴趣成为价值协同的基础，因而使用户得以留存，最后形成了深度联结的用户群。利用消费者偏好的异质性来达成价值专属，这需要通过产品企业将消费者的价值主张以及潜在需求表达出来，产品是连接的载体，通过产品把消费者连接在一起形成具有偏好的社群，可以说，产品表现了消费者偏好的异质性。通过产品的连接，把消费者价值主张转换成企业发展战略主张。而僵固的心智模式（mindset）也可以成为隔离机制（Porac, Thomas, & Baden-Fuller, 1989），在产品连接下被满足的消费者偏好促使消费者形成消费惯性。在连接战略下，作为载体的产品依靠消费者偏好形成社区平台乃至价值网络，由于时空不对称性，往往同类产品也只能存活一个，这就让产品通过连接占领市场结构洞。

在连接的过程中，企业同样通过产品完成价值获取。互联网时代基本没有闲置资源，创造价值的能力最强，但是这种模式有点类似于霍布斯（Hobbes）在17世纪谈到的"自然状态"（State of Nature），会出现很多的漫无秩序和任意妄为的行为。由于信息流和资金流都缺乏约束，由于消费者之间差异太大，企业完成价值获取很难，一旦尝试获取价值，就会引发消费端的抛弃，所以企业发展和增值受到限制。很多的网络公司的盈利能力受到质疑最关键的原因就在于此，它能创造很高的价值却无法完成价值获取。如果说从前产品往往是价值获取的终点，那么现在产品更多的是实现价值获取的中点甚至是起点，它完成了价值获取。一方面通过产品完成价值分配，在以往价值分配是通过分销渠道完成的，但是在"脱媒"的影响下，传统的分销渠道开始分崩瓦解，于是有的产品开始作为平台行使价值分配的职能。例如iPhone通过APP平台连接APP设计师和软件消费者，消费者付费给APP平台再由平台将费用交给设计师，APP平台负责分配价值的过程中提供安全便利的服务并进行抽成。阿里巴巴、京东皆是如此。另一方面产品形成受众社群，为以后新产品的推广和盈利，实现交换价值提供基础。比如小米通过手机、社区形成"米粉"，苹果通过一系列产品形成"果粉"，腾讯凭借QQ形成庞大受众群，这些群体通过产品对于企业形成消费惯性，对于企业新产品的价值有敏感的感知能力，这使得极易实现产品的交换价值。

## 6.3 治理机制的变革

治理机制来自企业互动形成的事实规则，即界面规则（罗珉、任丽丽，2010），本质上是利用激励和约束来引导企业行为的规则和秩序（王雎，2009），目的是为了预防和修正组织互动过程中伙伴间缺乏合作以及投机行为。治理机制是维系组织间关系及实现共同创造的重要保障。其中主要包括了交易治理、关系治理和知识治理。

互联网时代企业的竞争关系被合作关系替代，由于组织间关系的正反馈效应，随着合作的深入，具有相同偏好的组织间关系日趋紧密。同时网络经济的多元主体给互联网治理带来了多元共治的需求（郑志平，2016）。而这些改变都影响着网络经济商业模式的治理机制。

## 6.3.1 交易治理

交易治理是最早被关注的治理机制类型，也是显性的正式治理机制。它是由一系列契约、激励措施、组织机制组成的。企业往往通过交易治理来抑制道德风险带来的交易成本。由于交易治理是由一系列的协议通过明文规定来调节的，所以交易治理也被称为硬界面（Rigid Interface），或硬规则（Rigid Rules）（刘雪梅，2013）。

交易治理的学者认为，企业组织本质是一系列契约的组合和资产的组合。契约组合如独家协议、专属协议；资产组合如连锁、入股。网络经济商业模式强调共同创造的价值创造模式，组织间关系以竞合关系为主。企业通过组织间学习建立适应网络经济的交易治理机制。网络经济商业模式的企业通过共同创造实现发展。这种环境促使有资金优势的企业通常利用入股、战略合作等协议来进入价值网络，而有知识优势的企业在进行知识分享的同时会保留知识开发源的专属权。而为了确保交易治理的有效性，企业有必要在签订协议前做出事前评价尤为重要，客观评价合作对象。

尽管网络经济的契约合同通过不断努力添加以丰富约束内容和覆盖范围。但网络经济商业模式交易治理的不完备的程度与传统工业经济时代相比依旧明显增大。究其原因，首先，连接给资产带来的多种用途让资产专用性程度降低。如滴滴打车让私家车具有了出租功能。其次，跨界模糊了经营边界，企业在价值链下明确的行业边界被打破，交易的不确定性和交易频率增加。最后，在需求端导向和共同创造的触动下，网络经济带来价值的激励远超合同激励效应。而这一切都加剧了网络经济中机会主义倾向。为了确保组织互动的稳定性，网络经济商业模式更需要其他类型的治理机制。

## 6.3.2 关系治理

与交易治理不同的是，关系治理作为交易关系中一种重要的治理机制，为组织间关系提供的是内在的稳定机制（张闯、夏春玉、梁守砚，2009）。交易治理建立在契约之上，而关系治理更多依赖于信任。Gencturk 和 Aulakh（2007）认为，关系治理与内在规则有关，其中包括信任、承诺和灵活性。在某种程度上，关系治理可以起到与交易治理同样的作用，威廉姆森（1979）就曾建议人们可以通过契约来遏制有限理性和机会主义。而格兰诺维特（1990）则认为人之间的信任和承诺等同样可以降低机会主义出现的概率。但不同的是，当信任获得回报时，机会主义会得到进一步的遏制，而这是契约无法带来的（Perrow，1992）。与此同时，交易治理永远都要面对制度不完备的问题，企业必须不断地完善契约，而且由于有限理性的不可预知性，企业只有通过事后弥补来完善契约。而关系治理的最小信任可以弥补契约的不完备（罗家德，叶勇助，2009）。并且 Cannon（2000）在研究中也发现，越是环境不确定的情况，关系治理越能弥补交易治理的不足，防备机会主义的出现。

网络经济商业模式更强调关系治理。其一，由于新技术的应用，关系治理的适用条件减低、适用范围变广。网络经济应用的大数据技术能分析消费者或合作者的偏好，关系治理面对的消费者行为的不确定性正在减弱，这会降低建立信任的难度。与此同时，以往企业通过信用或声誉来强化信任和承诺，（Doney，etal.，1997）但信用和声誉是属于历史数据和范围数据，对于当前特定的两者之间的信任和承诺不具备针对性。网络经济商业模式价值网络中点对点的关系强度的显性化，这降低了互动中建立信任的复杂性。由于建立信任的难度和复杂性的降低，除了持续性交易，关系治理可以作用于偶然性交易，即使偶然契约并非符合标准，网络经济的关系治理同样可以弥补其中的不足。其二，关系治理更适应网络经济商业模式的需求。首先，关系治理中发展出来的信任和社会资本比资源或技术更难让竞争对手模仿。其次，相对于交易治理的硬规则，关系治理作为软规则给价值网络更加宽松的环境，其中交易治理涉及的柔性和团结等社会规则更有利于信息交换（Griffith 等人，2005）。柔性有利于企业适应当前的超竞争环境的不确定性，其中包括经营方式、对象、行为的不确定性。团结有利于建立双边关系形成平台（罗亚卓，2012）。最后，网络经济强调消费者与企业的共同创造。期望、相同的价值观和互惠是实现共享的基础。而这些来自于参与者的关系性嵌入（Granovetter and Swedberg，1992）。关系性嵌入带来的社会嵌入性促成了关系合同，而关系治理是基于关系合同。换句话说，网络经济共同创造的需求促使价值网络强调交易治理。综上所述，相对于交易治理，关系治理更符合网络经济商业模式的需求。网络经济商业模式在实现价值共创实现连接的同时应对跨界带来的不确定性，建立合适的信任体系，关系治理是更全面、及时的治理方式。

## 6.3.3 知识治理

知识是最符合网络经济需求的产品之一。作为公共品，知识具有共享性；而在使用过程中，知识会实现自身价值增加，实现边际效应递增（王红丽，2011）。知识交易成为网络经济商业模式中普遍的交易模式。然而除了存在机会主义行为外，知识交易存在特殊的缺陷，那就是认知的差异性，即使参与者为了共同目标努力，由于每个人的认知是异质的，他们对目标的理解、激励的认知也是有很大区别。无论利益冲突、心智模式的不一致或知识差异性、又或知识复杂性，都可能会带来认知性失灵（Grandori，2001）。认知性失灵会让参与者或分享者面临知识的交换风险和占有风险（Nickerson and Zenger，2004）。如何通过机制来协调各参与主体的认知和动机，尤其是预防认知性失灵，合理利用知识实现知识价值一直是知识治理的核心。

为了利用知识治理降低认知性失灵的可能性，Grandori 提出了情景组合观。情景组合观认为知识治理不是单一的治理形式，需要根据当下的情景来构建，而非事前可以计划的（王睢，2011）。因为知识需要参与者通过管理实践来实现知识传递和交易。合适的情景才能有效地推动企业分享隐性知识。

网络经济商业模式在互联网技术的帮助下打破了地域局限和产业界限，在扩大市场的同时也拓宽了知识边界，知识交易参与者之间的知识差异性增大，心智模式的不同表现的更为明显。网络经济增加了隐性知识分享和创造的机会，但是也增加了认知性失灵的可能性。而且互联网时代开放式创新取代封闭式创新成为主要创新方式，更强调合作与分享。在这过程中，企业需要合适的情景去吸引相应的参与者,实现知识分享乃至知识创新。

## 6.3.4 网络经济商业模式治理机制的构建

网络经济商业模式的新维度社群、平台和场景同样离不开治理机制来保障价值实现和价值分配过程。构建社群需要利用先动者优势来构建虚拟社区。由于社群是参与者偏好的体现,所以通常社群中具有统一的价值观,对不同类型的价值观有天然的排斥。而随着连接的受众人数越多,社群内部的稳定更为重要,越需要进行关系治理。换句话说,关系治理是社群发展的保障。同时随着社群的扩大,受众的文化差异性也增大,所以同样需要知识治理。

与社群不同,平台强调满足参与者需求。需求并没有具体的指向,可能来自于不同的偏好。网络正反馈效应的作用下,参与者的数量与平台成长呈正相关,所以平台必须尽可能的满足参与者的需求。对于其中长期稳定的交易参与者,平台往往倾向于利用交易治理进行管理。比如对于涉及企业间合作,平台通常会签订协议。而对于稳定性不高的交易参与者如个人,平台更强调通过关系治理来加强与他们之间的信任。

场景强化界面规则和治理机制。一方面,知识共享利用场景来吸引新成员知识互换和刺激知识创新(Grandori, 2001)。另一方面,企业通过不同的场景活动来强化与参与者之间的信任。如小米会营造手机设计场景或线下活动场景来增加与米粉之间的互动。

治理机制通过关系治理增强了社群和平台中各参与者之间的信任,通过交易治理抑制了平台中各方的机会主义,通过知识治理减少了社群内认知性失灵的可能性,并通过场景来强化各种治理机制的功能。这些措施抑制了价值网络或价值商店在进行价值分配时可能出现的道德风险或认知性失灵,保障了网络经济商业模式价值实现的过程。

## 6.4 本章小结

本章讨论的是网络经济商业模式的治理机制。通过引力模型进行梳理推导得出网络经济组织间关系的正反馈效应——网络正反馈效应，即组织网络中成员数量越多组织间关系越紧密。而这种组织间关系特征促使网络经济界面规则的变革。网络经济商业模式的界面规则被称为产品界面，是以产品为载体形成的实践规则。产品界面在不同的维度下治理机制并不相同。其中社群在连接过程中主要是通过关系治理和知识治理来稳定内部关系和消除认知性失灵；平台利用关系治理和交易治理来抑制道德风险和机会主义；场景深化知识治理和关系治理的程度。

基于以上研究本文提出命题：

c1 社群利用界面规则进行知识治理和关系治理促进社群发展。

c2 平台利用界面规则进行关系治理和交易治理维护平台扩张。

c3 场景强化和维持界面规则，其中知识治理利用场景来吸引新成员知识互换和刺激知识创新；关系治理利用场景互动来增强信任。

# 第 7 章 多案例研究

## 7.1 案例研究设计

### 7.1.1 研究方法

案例研究是实证研究的方法之一（Babbie，2013）。毛基业（2016）把案例研究的作用分为两类：进入现场前的理论指导和数据收集后的解释参照。前者适用于文献驱动的研究，以案例解答某个理论缺口；后者适用于数据收集后的理论支撑。与定量实证研究用于检验和修正成熟理论不同是，定性案例分析研究通常是集中在那些尚未得到清晰答案且重要的问题，尤其是尚未产生足够数据职称的前沿问题，徐淑英回顾美国管理学史发现超过半数的研究理论都来自于案例开发。同时发现相对于定量实证研究，案例研究具有系统性和全面性的研究优势。尽管案例研究的方法被引入国内时间较晚，始于 2004 年，但作为重要的定性归纳研究方法被中国学者迅速的接受和使用。《管理世界》等国内顶级期刊为案例研究设计专栏，从 2007 年起中国人民大学等高校每年举办案例分析的论坛。

本文研究的网络经济商业模式的理论模型和机制研究属于前沿性的问题，相关的知识内容缺乏界定，尚属于探索阶段，案例研究是最佳的实证方法。因为案例研究擅长在施加控制最小的情况下去研究现实现象的内在实质和产生机理（Larsson and Lowendahl，1996）。

案例研究分为单案例研究和多案例研究，而且可以分为多层次进行分析（Yin，

1994）。本文应用的多案例比较研究方法，通过采集多个案例进行比较来论证命题，主要原因有二。其一，增强研究的普适性。商业模式是一个大伞构念，网络经济商业模式包含的类型众多。通过多案例对比分析构建的网络经济商业模式理论模型比单案例研究获得的结果更加严谨，更具有普遍性。同时案例之间的时间、背景、研究对象存在差异，研究结果的可复制性得到检验。其二，增加理论的饱和度。相对于适用于检验理论、特例或典型案例分析的单案例研究，多案例研究能够对于构建的理论进行对比和反复的验证，提供不同类型的样本，研究过程更加全面，更适用于构建大框架下的理论构建，增加理论的饱和度。

## 7.1.2 案例选择

在案例研究过程中首要确定的就是研究对象，研究者需要根据研究目的和研究内容来选择最适合的案例，在数量有限的样本提供丰富的内容来确保研究深度。艾森哈特（1989）证实了在多案例研究中通常 4—12 个案例效果最佳。案例研究中不强调案例样本的数量，更看重案例内容对于研究的贡献程度。本文选择小米，叮叮车服，红领制衣和罗辑思维四个企业，作为研究对象，主要是考虑到案例的代表性：

（一）时间代表性。本文研究内容是网络经济商业模式。2007 年 1 月 iPhone 第一代发布，标志着世界开始进入移动互联网时代，由于手机的使用频率和范围，网络经济商业模式开始被广泛了解和接受。2007 年马云在广州的第四届网商大会提出"网商崛起"，预示着网络经济进入快车道，网络经济商业模式进入了大发展阶段。本文选择小米、叮叮车服、红领制衣和罗辑思维四个企业，作为研究对象，虽然分别是不同的行业，但他们都凭借网络经济商业模式迅速崛起于 2010 年之后，它们有的是 2010 年后创造出来的新公司（小米，罗辑思维），有的是在一个行业深耕多年，利用互联网技术转型成功，异军突起（叮叮车服，红领制衣），并成为网络经济中的佼佼者。在时间上他们迎合了网络经济商业模式的轨迹，更符合研究内容的需求。

（二）行业代表性。本文选择案例小米，叮叮车服，红领制衣和罗辑思维来自于电子产品、汽修、服装和传媒四个行业，这四个行业贴近民生，案例在进入网络经济前后的变化更容易被读者感知和认同。同时这四个行业都是传统行业，他们都曾有成熟的技术和体系。更有利于澄清商业模式的延续性。

（三）过程代表性。这四家企业都是经历过传统工业经济商业模式和网络经济商业模式，即使是小米和罗辑思维其创始人也是从旧体制进入新模式的。他们在网络经济商业模式的前后有不同的表现，更容易形成对比。

（四）商业模式类型的代表性。这四家企业虽然都是凭借网络经济商业模式崛起的，但是每家企业的方式都不同，可以代表网络经济商业模式的不同类型。有的利用社群模式连接消费者偏好（小米科技，罗辑思维），有的是利用平台模式连接社会冗余（叮叮车服，红领制衣）。两家是制造业（小米科技，红领制衣），两家是服务业（叮叮车服，罗辑思维）。文章可以通过对比来分析网络经济商业模式类型之间的异同。

## 7.1.3 资料收集

定性研究策略分为四种，分别是参与式观察、非参与式观察、访谈和档案研究（Miles and Huberman，1994）。在本文研究中对于研究对象的资料和数据的收集主要策略包括参与式观察、访谈和档案研究。

（一）参与式观察。参与式观察最早使用者是 B. Malinowski，1940 年前后被芝加哥社会学派反复使用，发展成案例研究的一种主流方法。所谓的参与式观察，即通过参与案例当中，通过互动和观察来获得对样本的理解。这种方法最大的好处的是研究者通过自身感受来体验案例能获得很多隐性信息，如习惯、关系、生活形态、角色等，弥补访谈和档案的不足。但是参与式观察容易受观察者主观影响，尤其是研究者不认同研究对象时。所以参与式观察一方面要求观察者保持一定的客观性，Robert Bellah 就曾提醒研究者要尊重自己所研究的东西；另一方面常常建议与访谈或档案配合使用。目前常用的直接观察法和田野研究法都是参与式观察的分支。

本文研究的是网络经济商业模式，网络经济强调的是消费者导向，提倡与顾客共同创造价值。研究者作为消费者或粉丝或者共同创造人很容易融入到案例当中。这以往是参与式考察最难的步骤。而研究者为了尽快的参与案例当中，做了以下工作。其一，体验相关的产品，如小米的电子产品、罗辑思维的音频节目。其二，加入相关论坛、微信群等，参与各个组织的讨论。其三，注册相关企业的会员，体验会员服务。

（二）档案研究。档案研究是通过现存的资料对研究内容进行调查分析，研究策略包括了历史研究法、内容分析法和文学评述。本文主要使用的是历史研究法，历史研究法是通过收集历史数据来剖析事件发展。用以还原案例的网络经济商业模式形成过程。对于案例研究的资料主要来自于CNKI数据库、维普数据库、万方数据库和百度搜索，以及公司网站等多种渠道。其中既包括相关期刊论文，也有新闻和访谈录。（研究对象的二手资料清单详见附录1）

（三）访谈。根据内容的开放程度访谈分为结构化访谈、半结构访谈和无结构访谈。结构化访谈是受访者屏蔽一切干扰下准确回答访谈者事先准备的封闭性问题。无结构访谈时访谈者没有在事前准备任何问题，也不一定主导提问，而是进行广泛的交流，交谈的内容可能与研究问题相关，也可能无关，通常具有探索性。半结构访谈介于两者之间，访谈者准备标准化的问题，但允许受访者开放性回答。

这次研究中作者多采用的是半结构访谈，还有少量的无结构访谈。访谈对象既有供应端，也有需求端的。其中包括小米科技的员工、粉丝、供应商，罗辑思维的会员，叮叮车服的CEO、CFO、汽修厂职工、司机，红领制衣的用户、员工。（访谈提纲见附录2）

表 7-1 部分数据来源表

| 序号 | 数据来源 | 收集时长 | 文本字数 |
| --- | --- | --- | --- |
| 1 | 访谈：小米科技员工（2人） | 1.5小时 | 1500 |
| 2 | 访谈：小米科技消费者（11人） | 5.5小时 | 3000 |
| 3 | 访谈：小米科技供应商（1人） | 0.5小时 | 500 |
| 4 | 参与：小米论坛与米粉 | 140小时（70天） | 2500 |
| 5 | 小米相关的文献 | 2012—2016 | 3000 |

续表

| 序号 | 数据来源 | 收集时长 | 文本字数 |
|---|---|---|---|
| 6 | 雷军访谈录（影像与纸质资料） | 3 小时 | 2000 |
| 7 | 访谈：叮叮车服 CEO 赵福全 | 2 小时 | 3000 |
| 8 | 访谈：叮叮车服 CFO 甘梅芳 | 2.5 小时 | 3000 |
| 9 | 访谈：叮叮车服司机用户（8 人） | 3 小时 | 1000 |
| 10 | 访谈：叮叮车服维修工用户（2 人） | 1 小时 | 500 |
| 11 | 访谈：罗辑思维会员（1 人） | 0.5 小时 | 300 |
| 12 | 参与：罗辑思维论坛 | 140 小时（70 天） | 3000 |
| 13 | 罗振宇访谈录（影像与纸质资料） | 3.5 小时 | 5000 |
| 14 | 罗辑思维相关的文献 | 2014—2016 | 4000 |
| 15 | 访谈：红领制衣员工（3 人） | 1 小时 | 500 |
| 16 | 张代理访谈录（影像与纸质资料） | 1.5 小时 | 2500 |
| 17 | 张蕴兰访谈录（影像与纸质资料） | 1 小时 | 1000 |
| 18 | 李金柱访谈录（影像与纸质资料） | 1 小时 | 1500 |
| 19 | 红领相关的文献 | 2013—2016 | 3000 |
| | 共计 | | 40800 |

资料来源：作者总结

## 7.1.4　资料分析

作为一个多案例比较研究。本文采用多案例研究中常见的先单案例讨论、再多案例比较的方式。首先针对每个单案例进行分析，获得单案例的观点，然后在跨案例分析中将得到的观点进行比较，以实现对理论的检验（Eisenhardt，1991）。在跨案例比较过程中，最初作者会依照不同的分类标准将案例分为不同类别以便于分析，然后再细分为单独案例来进行深入对比，最终提炼出差异性和一致性。通过反复的比较和总结，最终实现对文中命题的论证。

## 7.2 多案例比较分析

### 7.2.1 案例简介

#### 7.2.1.1 小米科技

小米成立于 2010 年的 4 月 6 日,由雷军及其创始团队共同创建。旗下产品包括小米手机、米聊、MIUI、小米盒子、小米路由器等。创始之初提出口号是为发烧而生,以饥饿营销起步。成立三年半,小米估值超过 100 亿美元,成为中国第四大互联网公司。2015 年,《华尔街日报》通过研究发现小米公司是全世界最具价值的初创企业,估值达到 460 亿美元。

和其他成功企业一样,小米的成功模式也受到大量的追捧和研究。然而人们发现尽管拥有众多电子产品,但小米并不是一家传统的科技产业。小米公司创立初期,创业者们便定位小米为一家拥有粉丝的公司。针对于粉丝和用户的区别,雷军认为用户仅仅是在没有选择的基础上一次性购买你的产品,而粉丝则是长期的朋友。小米公司的高层也认为,要想促进小米手机的销售量,其关键因素就是给小米手机建立一个粉丝群,抓住粉丝,也就等于抓住了销售出路。在明确目标的指导下,比手机销售业绩更为传奇的是小米培育的数千万忠诚的粉丝群体,俗称"米粉"。

#### 7.2.1.2 叮叮车服

叮叮车服(又称货车兄弟)是一款提供汽修服务的手机平台软件。这款软件的母公司家佳宝科技(又称青桔科技)成立于 2013 年,位于成都市高新区。创始人在汽配市场和汽修市场长期经营的工作经历中,发现在长途货运过程存在很多问题,这些问题主要集中在车老板、司机、维修厂和修理工之间,车老板将车给司机使用，司机负责运送，维修厂的维修工负责维修运送过程中出现故障的货车。由于长途货车的汽车维修通常是在异地发生，这就使得他们之间存在着严重的信息不对称的问题，所以相互之间很难取得信任。于是投机行为的情形时常出现。司机偷油，修理工欺诈，车老板压低工资等行为屡见不鲜。其中最严重的就是两个方面。一是司机的诚信问题。司机会利用车老板的信息不对称多报维修费用以及加油费用。二是修理工与司机的相互不信任，在维修过程中，修理工可能敲司机的竹杠；而司机也可能欺骗修理工，借试车为由把车开走逃单。而另一方面，为了吸引需求，传递信息也无形中增加了成本。如维修厂为了吸引货车需要找到好的口岸去经营，而这个必然会增加维修厂的成本。

正是基于创始人对汽修市场的深刻理解，家佳宝作为一家互联网企业主要是利用商用车后市场资源整合、大数据分析和APP开发构建商用车后市场服务诚信体系。推出了专为货车、商用车司机提供服务的APP软件"叮叮车服"（后改名"货车兄弟"）。首先货车司机通过叮叮车服APP直接预约维修师傅，并能通过比价挑选维修师傅。其次维修工不必亲自与货车师傅谈价格，而是接单后直接上门维修。最后维修完成后双方通过叮叮车服系统互评。

### 7.2.1.3 红领集团

红领集团是一家位于青岛市的服装企业。2003年红领投入资金、人力开始尝试大规模定制——在工业化的同时完成客户定制。2012年中国服装业经营困难的时候，红领集团在大规模个性化定制模式下迎来了上升期，当年的定制业务的年均销售收入以及利润增长均超过150%。（潘东燕，2014）在2014年，它成为全球惟一的个性化3D打印智能工厂，也是全球第一家完全实现工业化大规模定制的公司。

红领集团利用数据库中的大量经验数据和数据建模的智能研发系统，实现即时的款式研发、版型匹配，强有力的支持了大规模定制。张瑞敏认为红领信息化流程下的大规模定制是传统企业互联网转型的方向。

### 7.2.1.4 罗辑思维

罗辑思维是2012年由罗振宇和申音共同推出的自媒体栏目，一直专注于为爱智求真的80、90后年轻人提供知识类内容服务。罗辑思维维护社群文化，强调死磕精神。2012年12月21日推出第一期后保持着每周一期的更新速度。不久后推出"罗辑思维"微信公众号，每天早上六点左右在该公众号上投放一条60秒的语音和一篇短文。2016年该公众号的订阅用户已经超过600万。除了录制节目和语音外，先后三次限期招收会员，颁给每个会员唯一编号的会员徽章。每年举行一系列的会员活动，如定期赠送会员礼物"罗利"、每年举办霸王餐活动，并在活动中强调爱智求真、崇尚自由的社群文化。2014年以后罗辑思维在节目的基础上开拓了卖书、微商、得到APP等多项产品。罗辑思维逐渐从一个自媒体节目发展成为基于自媒体的社群品牌。2015年10月经过B轮融资后，罗辑思维估值13.2亿人民币。

表7-2 案例安排表

| 行业 | 传统商业模式 | 现商业模式 | 最大区别 | 载体 | |
|---|---|---|---|---|---|
| 小米科技 | 电子产品 | 设计主导 | 顾客主导 | 顾客参与设计 | 社群 |
| 呷呷车服 | 汽车修理 | 连锁经营 | 移动平台 | 强调治理 | 平台 |
| 红领制衣 | 服装 | 批量生产 | C2M | 大规模定制 | 平台 |
| 罗辑思维 | 媒体 | 主流中心媒体 | 个人自媒体 | 服务具体人群 | 社群 |

资料来源：作者总结

## 7.2.2 案例背景比较

（一）相同点。四家案例企业中三家成立于2010年以后，红领制衣尽管成立于1995年，但是红领是从2003年开始尝试转型大规模定制的，而我们考察的也是转型之后的红领，所以四家企业可以看作是同一时代。更重要的是，它们都放弃了供应端视角下行业传统的商业模式，强调亲近消费者的需求端视角。所以四家案例企业均代表着网络经济商业模式。与此同时，四家企业均是民营企业，初期不存在政策或资金上的扶持。综上所述四家企业所处的外部环境相差不大。

（二）不同点。主要有两点：其一，所处的行业不同。小米科技所研发的小米手机等产品来自于电子产业，呷呷车服属于汽修行业，红领制衣来自于服装行业，罗辑思维属于媒体行业。其二，核心资源及其获取方式的不同。小米科技重视粉丝，强调与消费者互动。米粉是小米的核心资源（雷军，2014），是小米有别于其他手机品牌的原因。叮叮车服的核心资源是叮叮车服 APP 平台和合作汽修厂。为了维护与汽修厂之间的关系，叮叮车服与合作汽修厂签订合作协议。红领制衣的核心资源是长期积累的量衣数据库，正是由于这个大数据红领能够实现大批量生产。为了更好的补充和应用数据库，红领构建了酷特智能系统和 3000 辆量衣车采集数据。罗辑思维的核心资源是爱智求真的价值观和 600 万的关注者，为了维护价值观和获取更多的关注，罗辑思维每周播放一个视频节目，每天播放一条音频节目。行业的不同以及核心资源的差异一定程度决定了各自网络经济商业模式的区别。

## 7.2.3 价值创造机制的跨案例比较分析

价值创造机制是网络经济商业模式实现连接红利的首要机制，在消费者导向的互联网时代，价值创造机制运行的目的是满足消费者偏好或消费者需求，利用消费者偏好或消费者需求实现连接红利。

### 7.2.3.1 小米科技

小米科技快速成长的关键不在于传统的手机（电子产品）制造商所关心的产品设计。从创建初期，小米就强调与粉丝之间的互动。为了更好的创造和培养更多的忠实且活跃度很高的"米粉"，小米做了很多的工作，从产品开发，到营销和服务，用户全程参与。小米把自己的营销渠道功能分为：微博拉新、论坛沉淀、微信客服。（陈鹏全，2015）即通过微博来拉入新的用户，然后用小米论坛来把用户变成粉丝，再用微信来维护与粉丝间的关系。小米善于提高客户参与，为此还定制了"爆品、粉丝、自媒体"三三法制和"开放参与、设计互动和扩散口碑"的三个战术。为了保证高频次的互动，小米提供如米粉节等大量活动。

随着小米的成长，也确实印证了雷军和小米高层的预见，米粉以及他们对于小米的无限支持成为了小米的竞争优势和成功动力。有的米粉甚至购买了四台小米手机，据 2014 年小米论坛统计，在小米七百万台手机的销量中，重复购买率竟然高达 42%。(张岩，2015) 产品重复购买率在整个手机行业中名列前茅，这与米粉对小米强烈的购买欲望不无关系。

### 7.2.3.2 叮叮车服

叮叮车服为汽修行业构建了叮叮车服 APP 平台，通过这个 APP 平台连接了车老板、司机、维修厂和修理工，消除了四方之间信息不对称的行为，解决了长途货车异地维修保养的痛点。随着叮叮车服打通了车老板、司机、维修厂和修理工之间的信息渠道，四者之间的投机行为就会减少甚至消除。与此同时，由于信息传播渠道通畅，交易成本降低。维修工不再需要花很多时间用于沟通；维修厂也不需要购买多好的口岸用于宣传自己。货车在异地出现故障也能及时找到合适的维修厂。而叮叮车服 APP 平台在实现参与者需求的同时将所有的参与者连接起来。随着连接的参与者越多，由于组织间关系的正反馈效应促使平台的参与者越多，平台的影响力越大。而所有参与者的交易过程都是通过叮叮车服实现的，如寻店、竞价、买卖等。作为平台提供商，目前叮叮车服主要通过小额贷款等金融服务实现盈利。

### 7.2.3.3 红领集团

红领的 C2M 模式与服装的传统商业模式是逆向的。而这种新兴的商业模式基于大数据和云计算，迎合了消费者异质性需求的同时，改变了价值创造环境。首先，红领的 C2M 商业模式根据客户需求定制服装减少库存压力。同时在这种模式下企业根本无需担心其他品牌的复制。其次，红领的 C2M 模式以客户需求为基础，制衣更符合顾客的偏好——衣服的颜色、布料和尺码，是否收身等等，增加了红领制衣被感知的使用价值。推动红领制衣本身价值的提高，强化了消费者的支付意愿。最后，红领采用 C2M 模式后每一件产品都是针对特定消费者，先收款后交付，缩减了中间环节，节约了大量的成本支出。2014 年，在整体服装市场疲软的状态下，红领集团以零库存实现 150% 的业绩增长，正是得益于 C2M 模式。

### 7.2.3.4 罗辑思维

80、90后年轻人是罗辑思维的服务对象，既是罗辑思维的所有商业活动的针对群体，也是罗辑思维努力发展的会员与关注者。一方面，罗辑思维向他们推销自己的产品。由于罗辑思维的客户具有相似的偏好，对于罗辑思维提供的产品的认同度高。罗辑思维是一个为80、90后求知爱真的年轻人服务的节目，罗辑思维向客户推荐了适合有梦想的年轻人喜好的公开课、书籍以及"得到"APP的一系列节目，比如成功企业家讲解专注力的心得，历史学博士讲解日本文化等。这些服务都是需要付费的。还有募集会员征收会员费。另一方面，利用罗辑思维社群积累的社会资本来获取利润，联系厂商在罗辑思维的活动中投放广告。很多企业看中了罗辑思维的受众，利用罗辑思维推销自己的产品。而罗辑思维从中获得利润。如推广有道云笔记，联合联想集团推出柳桃。2014年，罗辑思维盈利超过千万（卢松松，2015）。

表 7-3  价值创造机制的跨案例比较

|  | 实现方式 | 实现渠道 | 实现结果 |
| --- | --- | --- | --- |
| 小米科技 | 积累客户，强调全程参与，重视反馈 | 小米论坛、小米BBS | 客户重复购买率达到42% |
| 叮叮车服 | 通过平台连接车老板、司机、维修厂和修理工 | 叮叮车服APP | 降低交易成本，创建了汽修金融服务 |
| 红领制衣 | 消费者导向，去库存 | C2M模式 | 2014年以来在整体服装市场疲软的状态下，红领集团以零库存实现150%的业绩增长 |
| 罗辑思维 | 推销产品、收会员费、拉赞助 | 视频节目、得到APP、微信公众号 | 2014年罗辑思维盈利超过千万 |

资料来源：作者总结

通过跨案例比较，可以看出小米和罗辑思维具有更鲜明的价值观和偏好，其中小米拥有米粉，逻辑思维拥有会员，他们都形成了各自的社群。他们利用各自的社群通过活动来弘扬自己的价值观。如小米曾经的口号"为发烧而生"，罗辑思维的"爱智求真"。并利用不同的场景吸纳具有相同价值观和偏好的受众，如游戏、会友、试用。而他们的盈利点也来自于粉丝和会员，小米的手机早期中国最主力的消费者就是米粉，而且米粉的重复购买率极高，达到四成。罗辑思维推销的产品则是全部针对自己的关注者和会员。形成对比的是红领制衣，红领制衣并没有鲜明的价值观，也没建立社群，而是利用自己的数据优势建立平台为任何需求制衣的客户服务，满足所有消费者的需求也是红领制衣的口号（李金柱，2015）。随着数据库的完善，满足消费者需求的能力越强，红领制衣的盈利能力获得提升。叮叮车服也是通过平台连接车老板、司机、维修厂和修理工四方，满足各方要求来实现发展自身的，不同的是它与维修厂之间通过签订合作协议。与此同时叮叮车服还通过平台跨界从事金融贷款来实现盈利。

因此，价值创造机制的五个命题成立，即：

a1 社群通过连接消费者偏好实现价值创造机制，创造连接红利。

a2 社群通过跨界满足消费者偏好实现价值创造机制，创造连接红利。

a3 平台通过连接双边市场满足消费者需求实现价值创造机制，创造连接红利。

a4 平台通过跨界满足消费者需求实现价值创造机制，创造连接红利。

a5 场景吸引连接消费者偏好实现价值创造机制，创造连接红利。

## 7.2.4 隔离机制的跨案例比较分析

隔离机制是防止价值滑动及实现价值专属的重要机制。网络经济商业模式隔离机制的效果主要取决于消费者偏好或消费者需求，同时企业兼用先行者优势、制度、资源共同实现全面的隔离机制。

### 7.2.4.1 小米科技

小米专注于消费者，强调通过活动或话题这类场景来实现企业的扩张；利用场景来扩大目标客户群体和尽可能的占领客户的生活时间。小米把米粉放在第一位，小米提供符合消费者偏好的异质性产品。

小米满足了顾客的需求后，就无形中增加了潜在竞争者进入该领域的要求并且小米作为先行者能获得超常利益从而达到新的进入遏制价格（Salop，1979）。与此同时，米粉的消费者偏好形成了米粉对小米的忠诚度，所以米粉比一般的消费者更加忠诚于自己的消费品厂商。他们不仅会为自己喜爱的小米建言献策，提供促进企业发展的建议。还会维护小米的产品，譬如米粉就会在论坛中为小米手机的负面信息做出辩护。同时在出现问题时米粉更倾向于沟通而非用脚投票。这些都是消费者自发的行为，这些都增加了竞争对手吸引顾客的难度，也就降低了潜在竞争对手进入行业的意愿。可以说，小米正是通过米粉实现对其他企业的隔离。与此同时，小米也在进行研发，并让顾客参与进来，这样在强化基于顾客的隔离机制的同时，小米也在提升自己产品的技术水平。从而建立全面性防护隔离机制，做到影响竞争者模仿动机的同时，影响竞争者的模仿能力。

### 7.2.4.2 叮叮车服

叮叮车服是中国最早针对汽修服务的维修平台，具有一定的先行者优势。叮叮车服具有快速的地推能力，叮叮车服的创始人在行业中深耕 20 年，有大量的线下资源，对于行业的发展态势以及各省的行业强手非常了解。所以在叮叮车服的投放初期就将产品快速铺展到 21 个省。据叮叮车服母公司预估，到 2016 年 12 月将有 1.5 万家维修厂、300 万的司机使用叮叮车服。截至 2016 年 9 月，已经有上海、青岛、济南等近 30 个城市加盟。随着叮叮车服在汽修市场份额的快速扩大，给这个平台带来了很多衍生价值的可能，也会吸引更多的相关企业的加入。

叮叮车服能够迅速成长就是因为它为顾客的需求考虑，解决了各方的痛点和关键性问题，所以具有这种需求的各方能够迅速的加入叮叮车服，再加上在这过程中，创始人利用了其在汽修行业二十年积累的资源优势，叮叮车服实现快速地推。这是其它汽修行业的企业所不具备的优势，所以即使其他互联网企业认识到这个市场也很难有实力实现同样的快速地推并立足。

### 7.2.4.3 红领集团

红领集团能够实现与众不同的商业模式，基于红领集团具有足量的且不断更新的数据和数据处理，数据结果不仅仅制作成服装，同时也代表着消费者的特征和偏好。传统商业模式中都是有企业预测、设计、开发、生产再销售给顾客，而在红领 C2M 模式下，企业首先是了解顾客的需求并获取顾客的数据，然后通过数据分析定制顾客服装。数据是实现这次变革的重要要素。数据量增加最终带来了真正的质变。在数据不足前，即使红领是无法实现规模化定制的。但真正适合企业的顶层设计的数据是无法购买或直接使用，需要根据企业需求标准在日常经营中记录并进行处理形成数据模型和智能算法的（李金柱，2016）。所以数据积累是需要漫长的过程，"10 多年前，红领开始做定制的时候，发现非常难，一个人一个尺寸，一个人一个版型，一个人一个规格，困难之大，基本没法解决……"（张代理，2014）。数据实现了企业与顾客之间的连接，通过数据企业能了解消费者的异质性需求，掌握消费者的偏好。

### 7.2.4.4 罗辑思维

罗辑思维作为自媒体节目在建立之初就是围绕着一个共同的价值观建立的，这个价值观或来自设计团队，或来自主持人。节目的关注者集中于同一群体，形成的社群通常具有一致的偏好。如罗辑思维的受众主要是来自北上广深奋斗的白领和学生。（马莉芳，2015）用户由于拥有相似的偏好容易形成虚拟社群，如自发的在百度贴吧等 BBS 上建立罗辑思维吧。共同的偏好罗辑思维的会员忠诚度很高，再加上利基市场的受众有限，其他的自媒体最优方案通过差异化竞争。如晓说中高晓松主要讲人文和历史、鸿观中宋鸿兵更多提到经济金融。互联网时代，市场中很难出现另一家同类型读书解惑的自媒体节目竞争。

表 7-4 隔离机制的跨案例比较

|  | 实现方式 | 实现渠道 | 隔离结果 |
|---|---|---|---|
| 小米科技 | 拥有与米粉良性互动的能力，让米粉参与设计 | 小米论坛 | 用户忠诚度高，遇到问题倾向于沟通而非离开 |
| 叮叮车服 | 率先进入市场，具有迅速地推的能力 | 叮叮车服创始人 | 第一个汽修服务移动终端，并已有近 30 个城市加盟 |
| 红领制衣 | 拥有大量的客户量体数据 | 红领的大数据库 | C2M 模式在服装行业很难复制 |
| 罗辑思维 | 明确节目与社群的价值观，并不断强化社群文化 | 罗辑思维 BBS | 用户自发建立虚拟社群 |

资料来源：作者总结

通过跨案例比较，可以看出基于社群的小米科技和罗辑思维的用户忠诚度非常高，例如小米手机即使出问题了，米粉也倾向于沟通而非用脚投票。而且还会给小米手机出谋划策。罗辑思维的客户认同罗辑思维的价值观，对罗辑思维的活动带有偏好的支持，无论是最无理的会员还是不便宜的农产品（米、桃、油）都照单全收，完全没有讨价还价，即使同一本书，罗辑思维也比书店卖的好。而无论任何场景（维修、销售、设计），都能吸收更多同偏好的受众进入社群，进一步强化了隔离机制。基于平台的红领制衣和叮叮车服则不同，他们并没有和用户之间构建相似的价值观，他们更多是满足消费者需求。但是由于他们是自己行业网络经济商业模式的第一家，具有先行者优势，同时消费者使用过程中会形成习惯，路径依赖也让后来者很难拉拢消费者，实现盈利。但是他们也会通过各种场景（补贴、优惠）吸引有类似需求的消费者，满足他们的需求，让他们成平台双边市场的一员。利用场景吸引同质（偏好或需求）的消费者，成为企业强化自身隔离机制的主要办法。

因此，隔离机制的三个命题成立，即：

b1 社群通过连接消费者偏好建立隔离机制获得连接红利

b2 平台通过多次连接满足消费者需求，通过先行者优势和路径依赖连接参与

者实现隔离机制获得连接红利

b3 场景连接同质消费者，强化隔离机制

## 7.2.5 治理机制的跨案例比较

治理机制来自于网络经济商业模式过程中企业与企业互动、企业与消费者互动的界面规则，是实现价值分配的保障机制。治理机制的主要对象是预防机会主义和认知性失灵等互动协同过程中常见的问题。

### 7.2.5.1 小米科技

小米重视维护与米粉的关系，为此策划了大量的活动场景。小米不仅有一年一度的米粉节，还有不定时的中国行或公益活动。有大规模的天猫双十一，还有小范围的家属开放日（陈鹏全，2015）。这些场景都是为顾客服务的，甚至在产品设计等诸多方面让米粉参与其中，毫无疑问，这些反复互动的场景强化了米粉与小米之间的信任（Gulati，1995），也促进顾客与厂商之间形成共同愿景。这种与米粉之间特有的关系成为小米的竞争优势。

表 7-5 部分小米与粉丝的互动活动

| | |
|---|---|
| 同城会 | 小米名人堂 |
| | 小米手机中国行 |
| | 公益活动 |
| | 大咖秀 |
| 小米社区 | 《爆米花》杂志 |
| | 小米学院 |
| 米粉节 | 新品发布 |
| | 抽奖互动 |

资料来源：作者归纳

与此同时，小米建立了小米论坛，与米粉进行高频互动，并鼓励米粉自发组织社团，如米华社。通过交流，米粉为小米提供了很多有帮助的意见。米粉中级别最高的粉丝可以加入"荣祖儿"的组织，加入后有极高的权限，甚至可以优先使用小米未发布的产品并提出建议。当荣组儿认为这个版本是一个烂版本，就会去论坛上劝大家不要升级，而这又会促使小米的工程师反过来进一步修改。还有很多的米粉在论坛中为小米手机设计外形，这些都促进了小米产品的进步。

### 7.2.5.2 哷哷车服

哷哷车服首先通过APP软件打破信息不对称来提升平台双方的信任。在以往的汽修行业存在着大量的信息不对称的情况，修理工利用与司机的信息不对称敲司机的竹杠，司机利用车老板的信息不对称谎报汽车修理费。这类投机行为不仅造成了信任缺失，而且导致了大量组织冗余，也就是闲置资源的出现，经常维修厂出现有的维修工没事情；有的维修厂招揽不到客户。以上这一切成为了汽修行业的痛点，在工业经济时代这些问题是很难解决的，为了改善需要花费大量的成本，如某些维修厂为了招揽客户租赁较好的口岸，然而这要花费多一倍的价钱。而货车司机通过哷哷车服的APP软件可以轻松定位周围所有的汽修厂，并且哷哷车服提供了相互评价和竞价功能，交易双方可以通过哷哷车服了解对方的信用，货车司机可以找到最有利的价格，而汽修厂也不敢漫天要价。其次哷哷车服一方面与汽修厂签订协议，实现利益分享，通过契约联合各地的汽修厂家；另一方面引入汽车金融贷款等服务措施。通过契约和关系来实现平台的发展。

### 7.2.5.3 红领集团

为了提升满足顾客需求的能力，红领集团强调强调找到并整合价值链满足客户个性化需求的能力。然而制衣技术具有知识的复杂性，制衣打版的专业性知识让很多用户无法准确的描述出合适的衣服。为此红领研发了酷特智能C2M商业模式。首先，红领将衣服的尺寸分解成19个部位22个精确数据，便于和消费者沟通。同时红领宣布将在全球投放3000台量体大巴车，在车上有一个量体系统，消费者只需要在指定位置保持标准站姿两秒钟，就可以将消费者19个部位的22个数据传到系统，最终到达红领集团总部。其次，在大数据和云计算的技术支持夏通过红领研发的供应商平台RCMTM对消费者提供的需求数据进行处理变成生产数据，让制衣打版从以前的数小时变成了5分钟。（陈航波，2016）最后，将订单提供给生产部门，进行工艺和任务分解，实现规模定制。红领制衣强调以顾客需求为驱动，强调与用户之间的互动。红领制衣提供渠道让消费者去评价自己的产品，建立论坛进行交流。此外红领利用RCMTM平台处理与供应商之间的协同互动，将数据通过RCMTM平台传递给供应商，供应商利用平台进行反馈制衣中遇到的问题。与此同时，红领集团为小企业提供互联网转型解决方案，截止2016年，与32家企业达成合作协议。

### 7.2.5.4 罗辑思维

罗辑思维重视社群互动，并围绕着罗辑思维提供了大量的策划活动。它提供了"会来事"栏目，让关注者中的有一技之长的人有机会施展才能。提倡"参与感"，尤其是提倡全民参与。比如霸王餐活动中，罗振宇鼓励会员负责自己本地的霸王餐活动，自己尝试说服当地的餐馆老板提供一顿饭。最经典的是冰桶挑战。罗振宇应徐小平的点名接受挑战，与众不同的是他让罗辑思维的关注者也参与到这次挑战中，网友可以花钱买冰水来泼罗振宇。最后一共7200人购买冰水，而罗辑思维将获得的钱款捐给了ALS。这些活动不仅强化了社群文化，同时提升了社群粘性。同时罗辑思维擅长利用社交软件和受众建立弱关系，罗辑思维在微信建立公众号，并坚持每天播放一条60秒的语音，并经常邀请其他名人在公众号播放语音，如今罗辑思维的微信公众号已经拥有超过600万的听众。

表 7-6 治理机制的跨案例比较

| | 实现方式 | 实现渠道 | 治理结果 |
|---|---|---|---|
| 小米科技 | 与米粉在小米论坛上高频互动；创建米粉节、同城会；创建小米社区，并为其打造《爆米花》杂志和小米学院 | 小米BBS、米粉社群 | 强化与米粉之间信任；发现产品问题 |
| 叮叮车服 | 与汽修厂签订协议；提供竞价功能方便对比价格，提供服务评价体系 | 叮叮车服APP | 信息对称，遏制市场不良行为 |
| 红领制衣 | 与相关厂家签订合作协议；构建智能量衣体系方便顾客提供数据 | RCMTM、论坛 | 顾客量衣时间从两小时缩减至5分钟，C2M模式成型；红领集团从制衣向多行业发展；获得顾客反馈意见 |
| 罗辑思维 | 提供会来事栏目、霸王餐等互动活动 | 微信公众号、策划活动 | 关系治理、知识治理 |

资料来源：作者总结

通过跨案例比较，可以看出四家公司都比较重视关系治理，它们会经常组织大量的活动，如小米的米粉节、同城会，罗辑思维的会来事、霸王餐。通过大量的活动互动增加粉丝与企业之间的信任。尽管红领制衣和叮叮车服没有什么大型的定期活动，但是它们建立了论坛和消费者进行交流。

叮叮车服和红领制衣比较重视交易治理，它们分别和自己的合作者签订了协议。红领制衣通过协议向多行业发展，而叮叮车服实现了快速地推。小米科技和罗辑思维更强调知识治理，小米会定期推出期刊《爆米花》，并开办小米学院，罗辑思维则会通过视频、音频、读书等活动来分享知识和信息。其中为了消除认知差异性，通过场景来传递知识无疑是最有效的，其中能交流很多的隐性知识。而不同的场景互动下，受众与企业间的信任也会加深。

因此，治理机制的三个命题成立，即：

c1 社群利用界面规则进行知识治理和关系治理促进社群发展。

c2 平台利用界面规则进行关系治理和交易治理维护平台扩张。

c3 场景强化和维持界面规则，其中知识治理利用场景来吸引新成员知识互换和刺激知识创新；利用场景互动来增强信任，实现关系治理。

## 7.2.6 研究结论

### 7.2.6.1 案例研究的结论

通过跨案例比较发现：

从外部环境来看四家企业都是民营企业，可能获得的政策和天使资金有限。同样在遭遇行业的传统商业模式瓶颈选择了基于需求端视角的网络经济商业模式。不同的是企业所处的行业不同，加上创业者的经验和背景不同，企业实现价值的商业模式各具特色。

从维度来看，小米科技和罗辑思维是从社群起步的，通过互动连接用户；红领制衣和叮叮车服是从平台入手，前者通过技术满足用户需求，后者通过打破信息不对称满足用户需求，并通过跨界发展壮大。

从价值创造机制来看，四家企业根据自身的特征有不同的方法。基于社群的小米科技和罗辑思维主要通过社群进行盈利，根据社群的偏好来推销自己的产品；而基于平台的红领制衣和叮叮车服则利用自己的优势尽可能的满足消费者需求，如果消费者需求贷款，则提供金融服务等。

从隔离机制来看，社群类的小米科技和罗辑思维利用消费者偏好作为隔离机制，不同偏好的产品或企业会被消费者自动摒弃；平台类红领制衣和叮叮车服则是依靠满足消费者需求的能力来实现隔离的，其中红领凭借的自身建造的量衣数据库和酷特智能平台,提供有别于其他品牌的定制服装;叮叮车服则是目前市面第一家汽修服务移动终端,具有先发优势,有此需求的客户需要叮叮车服的帮忙。简而言之,社群的隔离机制来自偏好,平台的隔离机制来自于消费者需求。

从治理机制来看,平台型企业主要通过交易治理。如红领制衣与合作企业签订协议。但同时也强调关系治理,希望加强用户的忠诚度。确保当先发优势或技术优势不在时能够继续实现价值。社群性企业强调关系治理来强化社群内的信任。与此同时,还需要进行知识治理,来解决社群内存在的认知性失灵,如罗辑思维经常通过公众号语音来传递价值观。

经案例研究可以得出以下结论:

一、验证网络经济商业模式理论模型的维度由连接、跨界和界面组成的结构性维度和社群、平台和场景组成的关联性维度共同构成;二、社群通过连接实现价值创造机制和隔离机制,通过跨界实现价值创造机制,利用界面规则形成治理机制;三、平台通过通过连接实现价值创造机制和隔离机制,通过跨界实现价值创造机制,利用界面规则形成治理机制;四、场景强化连接实现价值创造机制和隔离机制,强化界面规则形成治理机制。如下图 7-1。

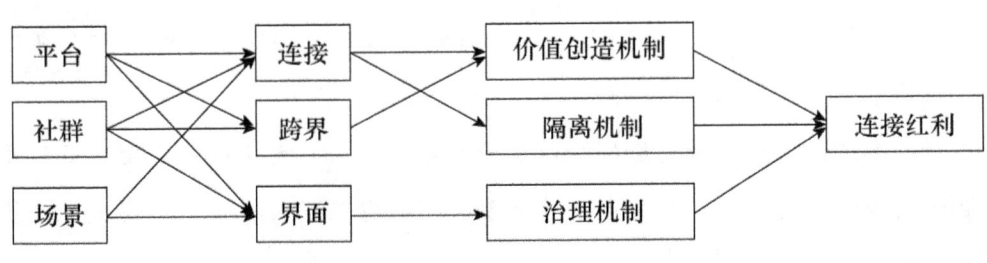

图 7-1 网络经济商业模式的运行机制

## 7.2.6.2 案例研究的推论

在案例比较的过程中,尽管四家企业起初的核心资源并不相同,但是存在商业模式理论模型日渐趋同的现象。企业逐渐既重视消费者偏好又强调消费者需求。比如小米通过连接消费者偏好形成社群,但是为了满足消费者需求进行跨界经营。小米随着企业发展开始生产多元化产品,包括小米盒子、小米手环、小米平板,迎合消费者的不同需求。而红领集团在利用数据平台满足消费者需求后，近日开始构建论坛，与消费者进行沟通。究其原因，基于社群的小米已经开始拓展海外市场，由于文化和商业的关系很难建立类似的社群关系，所以最大可能的满足消费者需求成为其获得市场和价值的主要手段。而红领制衣的技术开始被别人掌握，他需要建立社群来留住客户。可见基于社群的网络经济商业模式存在空间上的局限，基于平台的网络经济商业模式存在时间上的局限。随着时间变长、空间变大网络经济商业模式中维度（平台、社群、场景）的作用会而趋于平衡。企业需要既关注核心群体的偏好，又要满足广大用户的需求。

作者认为，四家企业商业模式理论模型出现趋同现象并非偶然现象，这是网络经济下消费者主导的必然发展轨迹。网络经济商业模式的价值创造机制、隔离机制和治理机制就是建立在消费者偏好的基础上的。消费者偏好是企业连接，实现连接红利的基础；也是基于顾客的隔离机制的基础；还是建立基于产品的界面的参与主体。而互联网时代，网络经济的社群不仅来自消费者偏好，还能维持共同的消费者偏好，消费者在无边界的网络经济时代很容易受社群的影响改变自身的消费者偏好。而这种偏好的变向会影响商业模式的运行机制（价值创造机制、隔离机制和治理机制），所以尽管行业之间存在差距，具体商业模式存在区别，但这些企业的商业模式理论模型更加趋同。

由于研究的前沿性以及初创型企业对于数据的保密，无法利用定量数据对研究的问题进行检验，这是本文研究存在的遗憾，作者将在以后的研究中将做进一步的完善和补充。

## 7.3 案例研究评估

### 7.3.1 信度

信度是指通过测量获得的结果具有可重复性，并且可重复性不会随着时间而改变。强调的是结果的一致性和稳定性。目的是为了确保研究可以被重复实施，研究结果是稳定可靠的。本研究在提升研究信度方面主要通过如下方法。

（一）本文研究者、讨论者以及案例访谈者均为博士在读或博士学历，均接受过长期的案例研究培训。研究者的指导教师在案例研究领域深耕多年，对于研究过程起到很好的监督作用。

（二）本文的资料来源于二手资料、语录、新闻访谈或参与式观察，都是来自于事件亲历者的描述且实际发生过的。同时研究者利用不同来源的资料互相印证。这些资料是具有一致性和稳定性的，可以用于研究结论的验证并且得出相似的结论。

（三）研究中每一个构念以及结论之间的关系都是经过事实推导的。并且拿多案例比较研究中的结果与先前理论进行比较。在保证推导严谨性的同时提升研究结论的饱和度。

## 7.3.2 效度

（一）构念效度。本文为了确保文中概念衡量的精确性，采取了三角验证法和证据链法。一方面作者获得多重证据如文件、新闻、访谈记录、现场观察等，利用二手资料整理出的历史数据和访谈观察所得的一手数据之间相互验证，以核实确保在不同做法下获得相似的结论。另一方面将所有的资料按时间顺序和事件进行排列，对于排序后资料之间的逻辑进行检查，确保建构具有连贯性。作者将四家公司的访谈或访谈录与它们的档案或新闻按时间顺序排列，并对同一时期的资料进行对比，如果结构相似的就保留下来。

（二）内部效度。为了确保自变量和因变量之间的因果关系尽可能的唯一确立。作者首先是采取时间序列设计，根据案例中事件的先后顺序来推论其中前后的因果关系。本文研究网络经济商业模式过程中经过反复验证发现机制随着维度的改变而改变，通过研究使用的经验资料也反复证实了两者之间因果关系，且没有出现其他的相关关系。其次作者根据理论提出命题，然后再利用案例检查修正理论与命题，通过不断调整，逐步精炼，提升内部效度。

（三）外部效度。外部效度主要是衡量实验结果的一般性以及适用范围的。本文选择了红领制衣、叮叮车服、小米科技和罗辑思维四家公司，分别代表了服装、汽修、电子和传媒四个传统行业。研究的结果可以在四个领域中不同时间、不同地点得到不同程度的体现（行业的特殊性注定了不可能效果完全一样），不同行业的网络经济商业模式分析有效的提升了研究中理论模型的外部效度，具有推广到更多领域的可能。

# 第8章 结论与启示

## 8.1 结论

德鲁克曾经说过:"企业存在的唯一目的就是创造顾客。"作为20世纪最伟大的管理学家和预言家,他留下的话语随着时间的推移变得越来越清晰。在他逝世十年后,互联网发展到了20年后的今天,对于需求端的重视达到从未有过的高度。消费者偏好以及需求的异质性,和消费者的联系成为企业的竞争优势和盈利关键。通过网络技术和大数据技术挖掘顾客的深层次需求已经超越了独特资源的重要性。

表 8-1 工业经济商业模式和网络经济商业模式比较

| | | 价值创造机制 | 治理机制 | 隔离机制 |
|---|---|---|---|---|
| 工业经济商业模式 | 载体 | 价值链 | 企业 | 供应端 |
| | 机理 | 资源或能力的异质性 | 竞争下的交易成本 | 资源或能力的异质性、先行者优势、制度差异 |
| | 结果 | 李嘉图租金、熊彼特租金和彭罗斯租金 | 交易治理 | 基于能力的隔离机制 |
| | | 强调主流偏好,忽略消费者异质性 | | |

续表

| | | 价值创造机制 | 治理机制 | 隔离机制 |
|---|---|---|---|---|
| 网络经济商业模式 | 载体 | 价值网络或价值商店 | 价值网络 | 需求端 |
| | 机理 | 关系和偏好的异质性 | 合作下的社会资本与信任 | 顾客偏好的差异性 |
| | 结果 | 连接红利 | 关系治理和知识治理 | 基于意愿的隔离机制 |
| | | 重视消费者异质性 | | |

资料来源：作者总结

可以看到，在工业经济时代，企业是从供应端去考虑竞争优势设计战略的，它更多聚焦在基于生产者的资源基础观，利用拥有的资源或能力的异质性来创造价值和获取价值。所以企业可以为了拥有某些专用性资产，不惜整合上下游，通过垄断的方式来确保对资源或能力的占有。而在网络经济下，资源的价值被消费者来界定，所以任何资源的价值都是由消费者来决定的，专用性资产的价值大大降低了，因为哪怕是稀疏平常的资源，只要消费者认可，它就是有价值的。在这种情况下，对于企业而言，追求某种资源的重要性就降低了。企业往往是根据手中的资源在消费者眼里的价值来决定它的用途。这带来了两个效果：一方面，消费者已经不是被动接受生产了，他们是在创造生产。所以必须要把消费者纳入到价值体系中来，形成价值网络；另一方面，在经营的过程中企业容易实现跨界。

随着竞争关系向竞合关系的转变，组织需要考虑考虑关系成本。与此同时由于专有性资产与交易成本的正相关性（威廉姆森，2004），随着专有性资产的价值降低，交易成本的重要性必然受到影响。同时随着大数据时代知识量体增大。这些促使网络经济商业模式更强调关系治理和知识治理。

值得注意的是，网络经济商业模式的需求端视角回避了以前资源基础观所专注的从资源获取租金，转而专注于面向消费者的企业战略，为终端用户创造价值。毫无疑问，这样能"把饼做大"，这些价值会被价值系统的所有企业所获取，但是其中有多少被企业获得，有多少被终端用户分得，我们不得而知。具体而言，在工业经济时代，以资源为主的战略通常在价值体系中观察企业内部和上游，专注于要素市场，为私人企业带来可以预期的价值获取。相对应的，网络经济下以需求为主的战略通常考虑焦点企业外部和下游，针对产品市场和消费者，来预测管理决策，从而实现价值创造。需求方面的研究关注的是一个价值系统或企业价值创造（Priem，2007），而不是企业的价值获取（Makadok & Coff，2002）又或企业价值的增加（Brandenburger & Stuart，1996），其中每个部分取决于成本和相对的议价能力，以及为消费者所创造的价值。所以就单个企业而言，在网络经济商业模式企业想盈利仅仅考虑价值创造是不够的，同样需要考虑如何获取价值，实现价值专属。而在企业获取价值的方法中包括在价值体系中创造更多的价值。（Gulati & Wang，2002）这其中包括企业可以将顾客拉入价值创造中来，从而为企业所在的价值体系增加交换价值（报酬）或给予更多的消费者剩余。（Bowman & Ambrosini）。这也是促进价值网络形成的另一个原因。

互联网和大数据的兴起使我们彻底告别了追求一致性，迎来了多样性的时代，迎来了一个发挥创造力和想象力的新时代。商业模式是战略的结果，而战略是对外部环境的反应。在网络经济下，消费者的异质性需求所带来的价值被极大的挖掘出来，而需求端视角与开放式创新成为了企业互联网时代发展的驱动力。这一切在实现网络经济下价值创新的同时，也让网络经济商业模式在组织演进的历程中越来越清晰、越来越瞩目。

# 8.2 启示

网络经济已经进入到一个消费者导向的时代，满足消费者的异质性成为企业取胜的法宝。对于企业而言，随着服务及时性和去中心化，对于资源的理念要从占有转变成共享。（凯文·凯利，2015）与消费者的协同创新是网络经济商业模式现在最需要做的课题。不难看出，消费者真实需求是网络经济价值基础战略制定的本源，也是互联网时代商业模式创新的基本点。无论使用 B2B、C2C、C2M 又或 O2O 等任何类型的网络经济商业模式都是基于消费者的需求。什么时候企业开始尊重原始的创新，尊重工业，尊重制造业，尊重整个社会层面的创新，而不是继续坚持个人英雄主义，想象力泛滥，抑或盲目的技术崇拜，才会有更大的面向整个社会层面的系统集成能力。技术能带来创新但是它如果与制造业、工业、社会脱轨了，那它将无法从社会中创造价值，以及获得促进发展的反馈，即获取价值。

与此同时，企业依然要发挥价值体系中的核心作用，不能一味地迎合消费者，相反，要引导消费者，利用现有的互联网技术如大数据去挖掘消费者深层次的需求，在消费者意识到前实现它，并同时尽快建立社群来吸收自己的消费群体，并通过知识治理和关系治理去维系和巩固社群，这个消费群体具有相似的偏好，这些消费者的偏好将帮助企业形成隔离机制。

# 参考文献

## 一、英文参考文献

[1] Adner R. THE WIDE LENS: A New Strategy for Innovation [J]. Prometheus Critical Studies in Innovation, 2013, 31 (2): 164-166.

[2] Adner R, Snow D. Old Technology Responses to New Technology Threats: Demand Heterogeneity and Technology Retreats [J]. Industrial & Corporate Change, 2009, 19 (5): 1655-1675.

[3] Adner, R., P. Zemsky. A demand-based perspective on sustainable competitive advantage [J]. Strategic Management Journal. 2006. 27 (3): 215-239.

[4] Ahonen H, Engeström Y, Virkkunen J. Knowledge Management-the Second Generation: Creating Competencies with and Between Work Communities in the Compentence Laboratory [J]. Knowledge Management & Virtual Organizations, 2000.

[5] Al-Debei M M, Avison D. Developing a Unified Framework of the Business Model Concept [J]. European Journal of Information Systems, 2010, 19 (3): 359-376.

[6] Al-Debei MM, El-Haddadeh RH, Avison D. Defining the business model in the new world of digital business [D]. In: Proc AMCIS 2008: 1-11

[7] Afuah A N. Business Models: A Strategic Management Approach [J]. A

Strategic Management Approach, 2003.

[8] Allan Afuah and Christopher L. Tucci. Internet Business Models and Strategies: Text and Cases [M]. New York: Irwin McGraw-Hill Higher Education, 2000.

[9] Amabile T M. Creativity In Context [J]. Westview Press, 1996.

[10] Amit and Schoemaker. Strategic Assets and Organizational Rent [J]. Strategic Management Journal, 1993, 14 (1): 33-46.

[11] Amit, R., & Zott, C. Value creation in e-business [J]. Strategic Management Journal, 2001, 22 (6-7), 493-520.

[12] Andresen K, Brockmann C, Roztocki N. Business models for enterprise system providers: towards the solution based procedure [D]. In: Proc AMCIS 2011: 1-8

[13] Anil K. Gupta and Vijay Govindarajan. Knowledge flows within multinational corporations [J]. Strategic Management Journal, 2000, 21 (4): 473-496.

[14] Arend, R. J., & Lévesque, R. Is the resource-based view a practical organizational theory? [J] Organization Science, 2010, 21: 913-930.

[15] Argyres, N., Bigelow, L., Nickerson, J. A. Dominant design, the compositio desiderata, and the follower's dilemma [J]. Strategic Management Journal, 2013, 36 (2): 216-234.

[16] Arora A, Gambardella A, Magazzini L, et al. A Breath of Fresh Air? Firm Type, Scale, Scope, and Selection Effects in Drug Development [J]. Management Science, 2009, 55 (10): 1638-1653.

[17] Audretsch DB, Keilbach MC, Lehmann EE. Entrepreneurship and economic growth [M]. Oxford University Press, New York, 2006

[18] Augier, M., & Teece, D. Strategy as evolution with design: The foundations of dynamic capabilities and the role of managers in the economic system [J]. Organization Studies, 2008, 29: 1187-1208.

[19] Auh, S. & Menguc, B. Broadening the scope of the resource-based view in marketing: The contingency role of institutional factors [J]. Industrial Marketing Management, 2009, 38, 757-768.

[20] B Manville., N Foote, Strategy as if knowledge mattered [J] Fast Company, 1996

[21] Baker, T., R. E. Nelson. Creating something from nothing: Resource construct- ion through entrepreneurial bricolage [J]. Administrative Science Quarterly. 2005. 50 (3) 329-366.

[22] Baker, Ted, Anne S. Miner, and Dale T. Eesley. Improvising firms: Bricolage, account giving, and improvisational competency in the founding process [J]. Research Policy, 2003, 32: 255-276.

[23] Barney, J. Firm resources and sustained competitive advantage [J]. Journal of Management, 1991. 17: 99-120.

[24] Barney, J. B. Is the resource-based "view" a useful perspective for strategic management research? Yes! [J] Academy of Management Review, 2001. 26: 41-56.

[25] Benjamin Gomes-Casseres. Group versus group: How alliance network compete [J]. Harvard Business Review, 1994, 82 (7/8): 62-74.

[26] Bonakdar A, Weiblen T, Di Valentin C, Zeissner T, Pussep A, Schief M Transformative influence of business processes on the business model: classifying the state of the practice in the software industry. [J] In: Proc HICSS 2013,: 1-10

[27] Bowman, C. and Ambrosini. V. Value Creation Versus Value Capture: Towards a Coherent Definition of Value in Strategy [J]. British Journal of Management, 2000, 11 (1): 1-15.

[28] Boztepe, S. Toward a Framework of Product Development for Global Markets: A User-Value-Based Approach. [J] Design Studies, 2007, 28 (5):

513-533.

[29] Bradley, S. W., Shepherd, D. A. and Wiklund, J. The importance of slack for new organizations facing "tough" environments [J]. Journal of Management Studies, 2011, 48, 1071-97.

[30] Brandenburger, A. M. and H. W. Stuart, Value based Business Strategy. [J] Journal of Economics & Management Strategy, 1996, 5 (1): 5-24.

[31] Brief, A. P. & Bazerman, M. Editor's comments: Bringing in consumers. [J] Academy of Management Review, 2003 28, 187-189.

[32] Buellingen F, Woerter M. Development perspectives, firm strategies and applications in mobile commerce [J]. Journal of Business Research, 2004, 57 (12): 1402-1408.

[33] Butt B R. Structural Holes: The Social Structure of Competition [J]. Social Science Electronic Publishing, 1992.

[34] C. L. Nicholls-Nixon, C. Wood.. Technology sourcing and output of established firms in a regime of encompassing technological change. [J] Strategic Management Journal, vol. 24, pp. 2003 654-666, 2003

[35] Cagan, J. and Vogel, C. M. Creating Breakthrough Products, Innovation from Product Planning to Program Approval. Upper Saddle River, [J] NJ: Financial Times Press, 2007.

[36] Casadesus Masanell, R, and Ricart, J E. From strategy to business models and onto tactics [J]. Long Range Planning, 2010, 43 (2/3): 195-215.

[37] Charles H. Fine. Clockspeed: Winning Industry Control in the Age of Temporary Advantage. [J] Massachusetts: Perseus Books, 1998.

[38] Chatain, O. Value creation, competition, and performance in buyer-supplier relationships. [J] Strategic Management Journal, 2011. 32: 76-102.

[39] Chatain, O. and P. Zemsky. Value creation and value capture with frictions. [J] Strategic Management Journal 2011 32 (11): 1206-1231.

[40] Chatain, O., & Zemsky, P. The horizontal scope of the firm: Organizational tradeoffs vs. buyer-supplier relationships. [J] Management Science, 2007, 53: 550-565.

[41] Chatain, O., Value Creation, Competition, and Performance in Buyer-Supplier Relationships. [J] Strategic Management Journal, 2011, 32 (1): 76-102.

[42] Chesbrough, H. W.. Open Innovation: The New Imperative for Creating and Profiting from Technology. [J] Boston, MA: Harvard Business School Press, 2003: 43-62.

[43] Chiu, H. C., Hsieh, Y. C., Li, Y. C., & Lee, M. Relationship marketing and consumer switching behavior [J] Journal of Business Research, 2005, 58 (12): 1681-1689.

[44] Christoph Zott, Raphael Amit and Lorenzo Massa. The Business Model: Recent Developments and Future Research. [J] Journal of Management, 2011 (5/10): 1-24

[45] Coff, R. W. When competitive advantage doesn't lead to performance: Resource-based theory and stakeholder bargaining power. [J] Organization Science, 1999, 10: 119-133.

[46] Conner, K. R. A Historical Comparison of Resource-Based Theory and Five Schools of Thought Within Industrial Organization Economics: Do We Have a New Theory of the Firm? [J] Journal of Management, 1991, 17 (1), pp. 121-154.

[47] D. Bovet, J. Martha, R. Kirk Kramer. [J] Value-nets. John Wiley & Sons, Inc., New York. 2000.

[48] D. J. Yang. On Moore's Law and Fishing: Gordon Moore Speaks Out [J]. US News Online, 2000, 7 (10)

[49] D. P. Lepak, K. G. Smith, M. S. Taylor. Value creation and value capture: A multilevel perspective. [J] Academy of Management Review, 2007, 32 (1): 180-194.

[50] Daniel A. Wren. Interface and Interorganizational Coordination [J]. Academy of Management Journal, 1967, 10 (1).

[51] Daniel Veit, Eric Clemons, Alexander Benlian. Business Models: An Information Systems Research Agenda. [J] Business & Information Systems Engineering: 2014: 45-53

[52] Danneels E. The process of technological competence leveraging. [J] Strategic Management Journal, 2007. 28 (5): 511-533.

[53] David J. Teece, Gary Pisano, and Amy Shuen. Dynamic Capabilities and Strategic Management [J]. Strategic Management Journal, 1997, 18 (7): 509-533.

[54] David Kenny & John F. Marshall. Contextual marketing: The real business of the Internet. [J] Harvard Business Review, 2000, 78 (11/12)

[55] David Ogilvie. The 4 Essential Ingredients to Successful Supply Chain Management [A]. Supply Chain Solutions. Co., 2002.

[56] Debra M. Amidon. Innovation Strategy for the Knowledge Economy, The Ken Awakening. [M] London: Butterworth-Heinemann, May 1997.

[57] Deepak K. Sinha and Michael A. Cusumano. Complementary resources and cooperative research: A model of research joint ventures among competitors. [J]. Management Science, 1991, 37 (9): 1091-1106.

[58] Demil B, Lecocq X. Business model evolution: in search of dynamic consistency [J]. Long Range Planning, 2010, 43 (s 2-3): 227-246.

[59] Devine, A., Holmqvist, S. Mobile Internet Content Providers and their Business Models-What can Sweden learn from the Japanese experience? [D] Master Thesis, Department of Industrial Engineering and Management. Royal Institute of Technology. 2001.

[60] Di Valentin C, Burkhart T, Vanderhaeghen D et al. Towards a framework for transforming business models into business processes. [J] In: Proc AMCIS 2012, pp 1-9

[61] Di Valentin C, Burkhart T, Vanderhaeghen D et al Towards a framework for transforming business models into business processes. [J] In: Proc AMCIS 2012, pp 1-9

[62] Dierickx, I & Cool, K. (1989). Asset stock accumulation and the sustainability of competitive advantage. [J] Management Science, 35 (12), 1504-1511.

[63] Dinopolous, E., and Sener, F. New Directions in Schumpeterian Growth Theory [A], H. Hanusch, H, A. Pyka. (Eds), Elgar Companion to Neo-Schumpeterian Economics [C]. Edward Elgar: Cheltenham, 2007.

[64] Douglas W. Vorhies, Neil A. Morgan Benchmarking Marketing Capabilities for Sustainable Competitive Advantage. [J] Journal of Marketing, 2005, 69 (1): 80-94.

[65] Drucker, Peter F. Management. [J] New York: Harper&Row. 1973

[66] Dyer, J. H. and H. Singh. The Relational View: Cooperative Strategy and Sources of Interorganizational Competitive Advantage. [J] Academy of Management Review, 1998, 23 (4): 660-679.

[67] Ecnomides, Nicholas. The Economics of Networks [J]. International Journal of Industrial Organization, 1996, 14 (2).

[68] Eisenhardt, K. M., Sull, D. N. Strategy as Simple Rules. [J] Harvard Business Review, January. 2001.

[69] El Sawy, O. A., and Pereira, F. Business Modeling in the Dynamic Digital Space. [J] 1st Edition. Springer Berlin Heidelberg. (2013).

[70] Eric Von Hippel. The Sources of Innovation. [J] London and New York: Oxford University Press, 1988.

[71] Felin, T., & Hesterly W. S. The knowledge-based view, heterogeneity, and new value creation: Philosophical considerations on the locus of knowledge. [J] Academy of Management Review, 2007. 32: 195-218.

[72] Fernando F. Suarez and Gianvito Lanzolla. The role of environmental dynamics in building a first mover advantage theory. [J] Academy of Management Review, 2007, 32 (2): 377-392.

[73] Franco, F. M., Sarkar, M. B., Agarwal, R. & Echambadi, R. Swift and smart: the moderating effects of technological capabilities on the market pioneering-firm survival relationship. [J] Management Science, 2009. 55, 1842-1860.

[74] Gary Hamel. Innovation as a Deep Capability. [J] Leader to Leader, No. 27, Winter, January 2003, 19-24.

[75] Gary Hamel. Leading the Revolution: How to Thrive in Turbulent Times by Making Innovation a Way of Life [M]. Boston, Massachusetts: Harvard Business School Press. 2000.

[76] Ghoshal, S. & P. Moran. Bad for practice: Acritique of transaction cost theory. [J] Academy of Management Journal, 1996, 21 (1): 481-510.

[77] Glenn MacDonald & Michael D. Ryall. How do value creation and competition determine whether a firm appropriates value? [J] Management Science, 2004, 50 (10): 1319-1333.

[78] Granovetter. Economic-action and social-structure-the problem of embeddedness. [J] American Journal of Sociology 1991 (3): 481-510

[79] Grant Miles, Stephen B. Preece and Mark C. Baetz. Dangers of dependence: The impact of strategic alliance Use by small technology-based firms. [J] Journal of Small Business Management, 1999, 37 (2): 20-29.

[80] Grant R M. Contemporary Strategy Analysis: Concepts, Techniques, Applications [J]. Blackwell Publishers Ltd Copyright, 2002, 29.

[81] Grönroos, C. Strategic management and marketing in the service sector (Research Rep. No. 8). [J] Helsinki, Finland: Swedish School of Economics and Business Administration. 1982.

[82] Gulati, R. and H. Singh. The architecture of cooperation: Managing co-

ordination costs and appropriation concerns in strategic alliances. [J] Administrative Science Quarterly, 1998, 43 (4): 781-814.

[83] Gulati, R. and L. O. Wang. Size of the pie and share of the pie: Implications of network embeddedness and business relatedness for value creation and value appropriation in joint ventures. [J] The Governance of Relations in Markets and Organizations Research in the Sociology of Organizations, 2003, 20 (2): 209-242.

[84] Haim Mendelson and Ravindran R. Pillai. Clockspeed and Informational Response: Evidence from the Information Technology Industry. [J] Information Systems Research, 1998, 9 (4): 415-433.

[85] Hambrick, D. C. The disintegration of strategic management: It's time to consolidate our gains. [J] Strategic Organization, 2004. 2: 91-98.

[86] Handy C B. The age of unreason [M]. Arrow, 1990.

[87] Hansen, M. H., R. E. Hoskisson and J. B. Barney. Competitive advantage in alliance governance: Resolving the opportunism minimization-gain maximization paradox. [J] Managerial and Decision Economics, 2008, 29 (2/3): 191-208.

[88] Henry William Chesbrough. Open Innovation: The New Imperative for Creating and Profiting from Technology. [J] Boston, Massachusetts: Harvard Business School Press, 2003.

[89] Hobbes T, Leviathan [M]. 1651. Edwin Curley (Ed.) 1994. Hackett Publishing.

[90] Hocutt, M. A. & Charkraborty, G. The Impact of Perceived Justice on Customer Satisfaction and Intention to Complain in a Service Recovery. [J] Advances in Consumer Research, 1997. 24 (1), 457-463.

[91] Hoopes, D. G., Madsen, T. L. & Walker, G. Guest editors' introduction to the special issue: Why is there a resource-based view? Toward a theory of competitive heterogeneity. [J] Strategic Management Journal, 1997. 24 (10), 889-902.

[92] Itami H, Nishino K. Killing Two Birds with One Stone: Profit for Now and Learning for the Future [J]. Long Range Planning, 2010, 43 (s 2-3): 364-369.

[93] J Holmqvist, D Guest, C Grönroos The role of psychological distance in value creation. [J] Management Decision (7): 2016 1430-1451

[94] J.L. Morrow Jr., D.G. Sirmon, M.A. Hitt, & T.R. Holcomb. Creating value in the face of declining performance: firm strategies and organizational recovery. [J] Strategic Management Journal, 2007, 28 (3): 271-283.

[95] James A. Combs and David J. Ketchen, Jr., Toward a synthesis of the resource-based view and organizational economics in the context of grand strategies. [J] Journal of Business Strategies, 1997, 14 (2): 83-195.

[96] James D. Westphal. Collaboration in the Boardroom: Behavioral and Performance Consequences of CEO Board Social Ties [J]. The Academy of Management Journal, 1999, 42 (1).

[97] Joan Magretta. why Business Models Matter [J]. Harvard Business Review, 2002, 80 (5): 86-92.

[98] Jones G R, Butler J E. Managing Internal Corporate Entrepreneurship: An Agency Theory Perspective [J]. Journal of Management, 1992, 18 (4): 733-749.

[99] Jonsson, S., & Regnér, P. Normative barriers to imitation: Social complexity of core competences in a mutual fund industry. [J] Strategic Management Journal, 2009. 30: 517-536.

[100] Jordan D. Lewis. The connected corporation: How leading companies win through customer-supplier alliances. [J] New York: Free Press, 1995.

[101] Jörg Thomä & Kilian Bizer. To protect or not to protect? Modes of appropriability in the small enterprise sector. [J] Research Policy, 2013, 44 (3): 35-49.

[102] K. T. Das, and Bing-Sheng Teng. Resource and risk management in the strategic alliance making process. [J] Journal of Management, 1998, 24 (1): 21-42.

[103] Karrberg, P., Liebenau, J. Mobile Service Delivery Business Models in Europe and Japan: The shift from " wherever and whenever" to " right here and now". [J] Personal, Indoor and Mobile Radio Communications PIMRC 2007. IEEE 18th International Symposium on, vol., no., pp. 1-5, 3-7 Sept.

[104] Katila, R A, and Ahuja, G. Something old, something new: A longitudinal study of search behavior and new product introduction [J]. Academy of Management Journal, 2002, 45 (6): 1183-1194.

[105] Keith D. Brouthers, Lance Eliot Brouthers and Tim Wilkinson. Strategic alliances: Choose your partners. [J]. Long Range Planning, 1995, 28 (3): 18-25.

[106] Kor, Y. Y. & Mohoney, J. T. Edith Penrose's (1959) contributions to the resource-based view of strategic management. [J] Journal of Management Studies, 2004, 41 (1): 183-191.

[107] Kor, Y. Y., Mahoney, J. T., & Michael, S. C. Resources, capabilities and entrepreneurial perceptions. [J] Journal of Management Studies, 2007. 44: 1187-1212.

[108] Kotler, P., Keller, K. L., and Cunningham, P. H. Marketing Management, (12th ed.). [J] Toronto: Pearson-Prentice Hall. 2006.

[109] Kraaijenbrink, J., Spender, J.-C., & Groen, A. J. The resource-based view: A review and assessment of its critiques. [J] Journal of Management, 2010. 36: 349-372.

[110] K. T. Das, and Bing-Sheng Teng. A resource-based theory of strategic alliances. [J] Journal of Management, 2000, 26 (1): 31-61.

[111] Lave J, Wenger E. Situated Learning: Legitimate Peripheral

Participation [J]. Man, 1991, 29.

[112] Lawson, B., Samson, D & Roden S. Appropriating the value from innovation: inimitability and the effectiveness of isolating mechanisms. [J] R&D Management, 2012. 42 (5), 420-434.

[113] Lemon, K. N. What drives customer equity. [J] Marketing Management, 2001. 10 (1), 20-26.

[114] Lepak, D. P., K. G. Smith, and M. S. Taylor, VALUE CREATION AND VALUE CAPTURE: A MULTILEVEL PERSPECTIVE. [J] Academy of Management Review, 2007. Vol. 32 (1): 180-194.

[115] Levi-Strauss C, Wolfram S. The Savage Mind [J]. Nature of Human Society, 1966, 35 (vember): 157-178.

[116] Linder J, and S Cantrell. Changing business models: Surveying the landscape [R]. Accenture Institute for Strategic Change, 2000

[117] Linstead, Stephen, and Robert Grafton-Small, 'Organizational bricolage' in Organizational symbolism [M]. B. A. Turner (ed.), Berlin: de Gruyter. 1990, 291-309.

[118] Liu Huali, Zhou Peiduan, One new business model of m-commerce based on value nets. [J] E-Business and E-Government (ICEE), 2011 International Conference on, vol., no., pp. 1-4, 6-8 May doi: 2011.

[119] Locke, E., & Fitzpatrick, S. Promoting creativity in organizations. [J] In C. Ford & D. Gioia (Eds), Creative action in organizations: 115-120. Thousand Oaks, CA: Sage. 1995.

[120] Lockett, A., Thompson, S., & Morgenstern, U. The development of the resource-based view of the firm: A critical appraisal. [J] International Journal of Management Reviews, 2009. 11: 9-28.

[121] M. A. Glynn, & M. Lounsbury. From the Critics' Corner: Logic Blending, Discursive Change and Authenticity in a Cultural Production System. [J]

Journal of Management Studies, 2005, 42 (5): 1031-1055.

[122] Madhok, A., Li, S., & Priem, R. L. The resource-based view revisited: Comparative firm advantage, willingness-based isolating mechanisms and competitive heterogeneity. [J] European Management Review, 2010. 7: 91-100.

[123] Magretta, J. Why Business Models Matter? [J] Harvard Business Review, pp. 86-92. 2002.

[124] Makadok, R., & Coff, R. The theory of value and the value of theory: Breaking new ground versus reinventing the wheel. [J] Academy of Management Review, 27: 10-13. 2002.

[125] Mark Frohlich and Roy Westbrook. Arcs of Integration: An International Study of Supply Chain strategies." [J] Journal of Operations Management, 2001, 19 (2): 185-200.

[126] Martin G R R. A Game of Thrones [M]. Bantam Books, 1997.

[127] Mary M. Crossan, Henry W. Lane and Roderick E. White, An Organizational Learning Framework: From Intuition to Institution. [J] The Academy of Management Review, Vol. 24, No. 3 (Jul., 1999), pp. 522-537

[128] Mehmood D. Business Models and Strategies of M-Commerce: A Review [J]. Journal of Internet Banking & Commerce, 2015, 20 (1).

[129] M. G. Jacobides, T. Knudsen, M. Augier. Benefiting from innovation: Value creation, value appropriation and the role of industry architectures. [J] Research Policy, 2006, 35 (8): 1200-1221.

[130] Michael D. Hutt, Edwin R. Stafford, Beth A. Walker and Peter H. Reingen. Case study: Defining the social network of a strategic alliance. [J] Sloan Management Review, 2000, 41 (winter): 51-62.

[131] Michael E. Porter. What Is Strategy. [J] Harvard Business Review, 1996 (11/12): 61-78.

[132] Mike W Peng, Denis Y L Wang and Yi Jiang. An institution-based view

of international business strategy: a focus on emerging economies. [J] Journal of International Business Studies, 2008, 39, 920-936.

[133] Mitchell D, Coles C. The ultimate competitive advantage of continuing business model innovation [J]. Journal of Business Strategy, 2003, 24 (5): 15-21.

[134] Mizik, N. and R. Jacobson Trading off between Value Creation and Value Appropriation. [J] Journal of Marketing, 67 (1): 63-67. 2003.

[135] M. J Chen, K. G Smith, CM Grimm. Action Characteristics as Predictors of Competitive Responses. [J] Management Science, 1992, 38 (3): 439-455.

[136] Morris M, Schindehutte M, Allen J The entrepreneur's business model: towards a unified perspective. [J] Journal of Business Research 58: 726-735. 2005.

[137] Muthusamy, S. K. andM. A. White. Learning and knowledge transfer in strategic alliances: A social exchange view. [J] Organization Studies, 2005, 26 (3): 415-441

[138] N. A. Morgan, D. W. Vorhies & Mason, C. H. Market orientation, marketing capabilities, and firm performance. [J] Strategic Management Journal, 2009, 30 (8): 909-920.

[139] N. Venkatraman and John C. Henderson. Real Strategies for Virtual Oranizing [J]. Sloan Management Review, 1998, 40 (1): 33-48.

[140] Natalie Mizik & Robert Jacobson. Trading Off Between Value Creation and Value Appropriation: The Financial Implications of Shifts in Strategic Emphasis. [J] Journal of Marketing, 2003, 67 (1): 63-76.

[141] Osterwalder AThe business model ontology a proposition in a design science approach. [J] University of Lausanne. 2004.

[142] Osterwalder A, Pigneur Y, Tucci CL Clarifying business models: ori-

gins, present, and future of the concept. [J] Comm AIS 16: 1 25. doi: 10. 1. 1. 83. 7452. 2005.

[143] Paul H. Timmers. Business models for Electronic Commerce. [J] EM-Electronic Markets, 1998, 8 (2): 3-8.

[144] Paul S. Adler. Market, Hierarchy, and Trust: The Knowledge Economy and the Future of Capitalism [J]. Organization Science, 2001, 12 (2).

[145] Paul Timmers. Business. Models for Electronic Markets. [J] Electronic Markets Journal, Vol. 8, 1998 (2): 3-8.

[146] Paul Timmers. Electronic Commerce: Strategies and Models for Business to business Trading. [J] New York: John Wiley & Sons, 1999.

[147] Penrose, E. The Theory of the Growth of the Firm [M]. Cambridge: John Wiley, 1959

[148] Peter Hines. Integrated materials management: The value chain redefined. [J] International Journal of Logistics Management, 1993, 4 (1): 13-22.

[149] Pine, B. J. and Gilmore, J. H. The Experience Economy. Work Is Theater and Every Business a Stage [M]. Boston: Harvard Business School Press. 1999.

[150] Pitelis, C. N., "The Co-Evolution of Organizational Value Capture, Value Creation and Sustainable Advantage." Organization Studies, 2009, 30 (10): 1115-1139.

[151] Porac, J. H., Thomas, H., & Baden-Fuller, C. Competitive groups as cognitive communities: The case of Scottish knitwear manufacturers. [J] Journal of Management Studies, 26: 397-416. 1989.

[152] Polli, R. and Cook, V. The Validity of the Product Life Cycle. [J] Journal of Business 42 (4): 395-400. 1969

[153] Porter, M. Competitive advantage: Creating and sustaining superior performance. [J] New York: Free Press. 1985.

[154] Prahalad, C. K., and G. Hamel. The Core Competence of the Corporation. [J] Harvard Business Review, 1990, 6 (8): 79-91.

[155] Priem, R. L. A consumer perspective on value creation. [J] Academy of Management Review, 2007. 32: 219-235.

[156] Priem, R. L., & Butler, J. E. a. Is the resource-based "view" a useful perspective for strategic management research? [J] Academy of Management Review, 2001. 26: 22-40.

[157] Priem, R. L., & Butler, J. E. 2001b. Tautology in the resource-based view and the implications of externally determined resource value: Further comments. [J] Academy of Management Review, 2001. 26: 57-66.

[158] Priem, R. L., & Cycyota, C. On strategic judgment. In M. Hitt, R. Freeman, & J. Harrison (Eds.), The Blackwell handbook of strategic management: 493-519. Oxford: Blackwell. 2001.

[159] Priem, R. L., et al. Toward Reimagining Strategy Research: Retrospection and Prospection on the 2011 AMR Decade Award Article. [J] Academy of Management Review 38 (4): 471-489. 2013.

[160] Quoted in Pascarella Perry. Management: Tom J. Peters Invites Chaos for Survival. [J] Industry Week, Vol. 235, 1987 (2): 48-53

[161] Rappa M. Business Models on the Web: Managing the Digital Enterprise [J]. Social Science Electronic Publishing, 2010.

[162] R. Amit, C. Zott. Value creation in e-business. [J] Strategic Management Journal, 2001, 22 (4): 493-520.

[163] R. P. Rumelt. Diversification strategy and profitability. [J] Strategic Management Journal, 1982, 3 (2): 359-369.

[164] R. L. Priem. A consumer perspective on value creation. [J] Academy of Management Review, 2007, 32 (1): 219-235.

[165] Raffi Duymedjian and Charles-Clemens Ruling Towards a Foundation of

Bricolage in Organization and Management Theory."［J］Organization Studies 31 (2)：133-151. 2010.

［166］Raphael Amit and Christoph Zott. Value Creation in E-Business.［J］Strategic Management Journal，2001，22（6-7）：493-520.

［167］Rayport J F and Sviokla J J . Exploiting the virtual value chain.［J］Harvard Business Review，1995，73（9-10）：75-99.

［168］Richard A. D'Aveni. Hypercompetition：Managing the Dynamics of Strategic Maneuvering.［M］. New York：Free Press，1994，11-12.

［169］Richard L. Priem. A consumer perspective on value creation.［J］Academy of Management Review，2007，

［170］Richard Makadok. Toward a Synthesis of the Resource-Based and Dynamic-Capability Views of Rent Creation［J］. Strategic Management Journal，2001，22（5）：387-401.

［171］Richard Normann and Rafael Ramirez. From value chain to value constellation：Designing interactive strategy. In Harvard Business Review on Managing the Value Chain.［M］. New York：Harvard Business School Press，2000.

［172］Robert F. Lusch and James R. Brown. Interdependency, Contracting, and Relational Behavior in Marketing Channels.［J］. Journal of Marketing，1996，60（4）.

［173］Robert W. Palmatier, Cheryl Burke Jarvis, Jennifer R. Bechkoff, Frank R. Kardes, . The Role of Customer Gratitude in Relationship Marketing.［J］Journal of Marketing，2009，73（5）：1-18.

［174］Rosenkopf, L, and Nerkar, A. Beyond local search：Boundary-spanning, exploration, and impact in the optical disk industry［J］. Strategic Management Journal，2001，22（4）：287-306.

［175］Rumelt R P. Toward a Strategic Theory of the Firm［J］. Competitive Strategic Management，1984.

[176] Russell Thomas. Business Value Analysis: Coping with Unruly Uncertainty. [J] Strategy & Leadership, Vol. 29, 2001 (2): 16-24.

[177] Samuel Bodily, Sankaran Venkataraman. Not walls, windows: Capturing value in the digital age. [J] Journal of Business Strategy, 204, 25 (3): 15 - 25.

[178] Schendel, D., & Hofer, C. Strategic management: A new view of business policy and planning. [J] Boston: Little Brown. 1979.

[179] Schmidt, J., & Keil, T. What makes a resource valuable? Identifying the drivers of firm-idiosyncratic resource value. [J] Academy of Management Review, 38: 206-228. 2013.

[180] Seddon P B, Lewis G P, Freeman P, et al. The case for viewing business models as abstractions of strategy [J]. Communications of the Association for Information Systems, 2004.

[181] Seddon, P. B., Lewis, G. P. Strategy and Business Models: What's the Difference? [C] Information Systems 7th Pacific Asia Conference on, Adelaide, Australia, 10-13 July. 2003.

[182] Seely-Brown, I., & Duguid, P. Organizational learning and communities of practice: Toward a unified view of working, learning and innovation. [J] Organization Science, 1991. 2: 40-57.

[183] Shafer S M, Smith H J, Linder J C. The power of business models [J]. Business Horizons, 2005, 48 (3): 199-207.

[184] Shao Jihong, Wu Danhong. Views on market value of mobile e-commerce [C]. Information Science and Engineering (ICISE), 2010 2nd International Conference on, vol., no., pp. 3359-3362, 4-6 Dec. doi: 10.1109/ICISE. 2010. 5690763.

[185] Shy O. A short survey of network economics [J]. Review of Industrial Organization, 2011, 38 (2): 119-149.

[186] Simon, H. A. Bounded rationality and organizational learning. [J] OrganizationScience, 1991a. 2: 125-134.

[187] Simsek, Z., Veiga, J. F. and Lubatkin, M. H. The impact of managerial environmental perceptions on corporate entrepreneurship: towards understanding discretionary slack's pivotal role. [J] Journal of Management Studies, 2007. 44, 1398-424.

[188] Sosna M, Trevinyo-Rodriguez R N, Velamuri S R. Business model innovation through trial-and-error learning: The Naturhouse case [J]. Long range planning, 2010, 43 (2): 383-407.

[189] Stan Davis & Christopher Meyer. Blur: The Speed of Change in the Connected Economy. [J] Oxford: Capston, 1997.

[190] Stanley F Slater, Developing a customer value-based theory of the firm, Academy of Marketing Science. [J] Journal; Spring 1997; 25, 2; ABI/INFORM Global。 pg. 162 Drucker, Peter F. Management. New York: Harper&Row. 1973

[191] Sirmon, D. G., Hitt, M. A., & Ireland, R. D. Managing firm resources in dynamic environments to create value: Looking inside the black box. [J] Academy of Management Review, 2007. 32: 273-292.

[192] Ted Baker & Reed E. Nelson. Creating something from nothing: Resource construction through entrepreneurial bricolage. [J] Administrative Science Quarterly, 2005, 50 (3): 329-366.

[193] Teece, D. J. Reflections on the Hymer Thesis. [J] International Business Review, 2006, 15 (2): 124-139.

[194] Tailan Chi. Trading in strategic resources: Necessary conditions, transaction cost problems, and choice of exchange structure. [J] Strategic Management Journal, 1994, 15 (4): 271-290.

[195] Tanriverdi, H., C. H. Lee. Within-industry diversification and firm performanc-e in the presence of network externalities: Evidence for the software in-

dustry. [J] Acad. Management J. 2008. 51 (2) 381-397.

[196] Teece, D. J., G. Pisano, and A. Shuen. Dynamic Capabilities and Strategic Management. [J] Strategic Management Journal, 1997, 18 (7): 509-533.

[197] The Economist. Inditex: Fashion forward [J]. Economist. 2012b. 24 (3): 63-64.

[198] Thomas C Lawton and Kevin P Michaels. Advancing to the virtual value chain: Learning from the Dell model. [J]. The Irish Journal of Management, 2001, 22 (1): 91-103.

[199] Timmers P. Business models for electronic markets. [J] Electronic Markets 1998. 8: 3-8.

[200] Tom J. Peters. Reimagine: Business Excellence in a Disruptive Age. [J] London: Dorling Kindersley, 2003.

[201] Torstein Nesheim. Externalization of the Core: Antecedents of Collaborative Relationships with Suppliers. [J] European Journal of Purchasing & Supply Management, 2001, 7 (4): 217-225.

[202] Unni, R., Harmon, R. Location-based services: models for strategy development in M-commerce. [J] Management of Engineering and Technology, PICMET. Port International Conference on, vol., no., pp. 416-424, 20-24 July. 2003.

[203] Venkatesh Shankar, Sridhar Balasubramanian. Mobile Marketing: A Synthesis and Prognosis. [J] Journal of Interactive Marketing, Volume 23, Issue 2, May, pp. 118-129, ISSN 1094-9968. 2009.

[204] Verbeke A, Yuan W. The Drivers of Multinational Enterprise Subsidiary Entrepreneurship in China: A New Resource-Based View Perspective [J]. Journal of Management Studies, 2013, 50 (2): 236-258.

[205] Vikas Anand, William H. Glick and Charles C. Manz. "Thriving on the knowledge of outsiders: Tapping organizational social capital." [J]. Academy of Management Executive, February 2002, 16 (1): 87-102.

[206] W. Brian Arthur. Increasing Returns and the New World of Business [J]. Harvard Business Review, 1996, 74 (7/8): 101-109.

[207] Weick, Karl E. the collapse of sensemaking in organizations: The Mann Gulch disaster. [J] Administrative Science Quarterly 38: 628-652. 1993.

[208] Wenger, E., & Snyder, W. Communities of practice: the organizational frontier. [J] Harvard Business Review (1/2), 139-145. 2000.

[209] Weyl E G. A price theory of multi-sided platforms [J]. The American Economic Review, 2010: 1642-1672.

[210] Williamson, O. E. Comparative Economic Organization: the Analysis of Discrete Structural Alternatives. [J] Administrative Science Quarterly, 1991, 36 (2): 269-296.

[211] Xie M, Zhang J, Zeng J. M-Commerce in the Period of 3G [C] // Management and Service Science, 2009. MASS '09. International Conference on. IEEE, 2009: 1-4.

[212] Y. Wu, C. E. Lin, H. H. Wu. A Research of Value-Net Based Business Model and Operating of M-Commerce. [J] IFIP International Federation for Information Processing, Volume 251, pp. 568-577. 2007.

[213] Ye, G., Priem, R. L., & Alshwer, A. Achieving demand-side synergy from strategic diversification: How combining mundane assets can leverage consumer utilities. [J] Organization Science, 23: 207-224. 2012.

[214] Yin, R K. Case study research-Design and methods [M]. Thousand Oaks: Sage Inc., 1994.

[215] Ying-Feng Kuo, Ching-Wen Yu. 3G telecommunication operators' challenges and roles: A perspective of mobile commerce value chain. [J] Technovation, Volume 26, Issue 12, December, Pages 1347-1356, ISSN 0166-4972. 2006.

[216] Yip, G S. Using strategy to change your business model [J]. Business Strategy eview, 2004, 15 (2): 17-24.

[217] Yoo, Y., Boland R. J., Lyytinen, K., and Majchrzak, A. Organizing for Innovation in the Digitized World. [J] Organization Science, 23 (5), 1398-1408. 2012.

[218] Yoo, Y., Henfridsson, O., and Lyytinen, K. Research Commentary-The New Organizing Logic of Digital Innovation: An Agenda for Information Systems Research. [J] Information Systems Research, 2010. 21 (4), 724-735.

[219] Young A A. Increasing Returns and Economic Progress [J]. History of Economic Thought Articles, 1928, 38 (152): 227-243.

[220] Zott C, Amit R. Business model design and the performance of entrepreneur-rialfirms. [J] Organization Science 18: 181-199. doi: 10.1287/orsc.1060.0232. 2007

[221] Zott, C., Amit, R., & Massa, L. The business model: Recent developments and future research. [J] Journal of Management, 2011. 37: 1019-1042.

## 二、中文文献

[1] [美] 巴里·伯曼, 乔尔·R. 埃文斯, 零售管理 [M]. 中国人民大学出版社

[2] 曹庆仁, 宋雪峰, 关于企业价值的理论探析 [J] 经济问题, 1999 (7)

[3] 陈应龙, 双边市场中平台企业的商业模式研究 [D]. 湖北: 武汉大学, 2014.

[4] 冯金华, 一般均衡理论的价值基础 [J] 经济研究, 2012 (1)

[5] 龚丽敏, 江诗松, 魏江, 试论商业模式构念的本质、研究方法及未来研究方向 [J] 外国经济与管理, 2011, 33 (3): 1-8

[6] 龚长宇, 陌生人社会资源行动的价值基础 [J], 伦理学研究, 2014 (7)

[7] 黄颖锐, 基于整体产品理论的网络产品质量、顾客价值研究 [D]. 浙江:

浙江大学硕士论文，2007.

[8]［美］卡尔·波普尔，客观知识：一个进化论的研究［M］第六章，上海：上海三联书店，2012年

[9] 李嫄，基于个体生态学的企业TMT演进机制研究［D］．天津：河北工业大学硕士论文，2007.

[10] 刘雪梅，联盟组合：价值创造与治理机制［J］中国工业经济，2012（6）

[11] 罗珉，商业模式的理论框架述评［J］当代经济管理，2009，31（11）：1-8

[12] 罗珉，德鲁克管理思想解读［M］成都：西南财经大学出版社，2009

[13] 罗珉，基于网络创新视角的企业持续成长模式［C］中国企业持续成长问题学术研讨会暨中国企业管理研究会2007年会论文集．2007.

[14] 罗珉，组织管理学［M］成都：西南财经大学出版社。2003（8）：P101

[15] 罗珉，冯俭；组织新论：网络经济条件下的组织管理新范式［M］成都：西南财经大学出版社 2006

[16] 罗珉，何长见，组织间关系：界面规则与治理机制［J］．中国工业经济，2006（5）

[17] 罗珉，李亮宇，互联网时代商业模式的连接红利［J］．高等学校文科学术文摘，2015（2）：48-50.

[18] 罗珉，李亮宇．互联网时代的商业模式创新：价值创造视角［J］．中国工业经济，2015（1）：95-107.

[19] 罗珉，任丽丽。组织间关系：界面规则的演进与内在机理研究［J］．中国工业经济。2010（1）

[20] 罗珉，曾涛，周思伟：企业商业模式创新：基于租金理论的解释［J］．中国工业经济，2005，(7)：73-81.

[21]［美］迈克尔·哈耶特，平台：自媒体时代用影响力赢取惊人财富［M］．赵杰译．中央编译出版社，2013（9）．

[22] 毛文静，中小企业集群社会资本再生产研究［D］．四川，西南财经大学博士论文，2008．

[23] 毛基业，苏芳．案例研究的理论贡献——中国企业管理案例与质性研究论坛综述［J］管理世界，2016（2）：128-132．

[24] 潘东燕，红领：制造业颠覆者？［J］中欧商业评论，2014（8）：76-83．

[25] 彭毫，论网络经济的收益递增法则［J］．当代经济管理，2009，31（7）：16-20．

[26] 彭晓燕，互联网商务模式的分类体系评述［J］．当代经济管理，2007，29（5）：46-50．

[27] 李光斗，中国企业还在山寨会有希望吗？［EB/OL］．http：//money.163.com /15/0317/10/AKTC3TUH002551G6.html

[28] 李文莲，基于生态位的商业模式创新类型选择研究［D］．上海财经大学，2014．

[29] 石磊，关系式交易视角的组织间关系形成［J］．经济理论与经济管理，2007（7）：55-60．

[30] 苏秦，服务质量、关系质量与顾客满意：模型、方法及应用［M］．北京：科学出版社，2010：7-8．

[31] 孙继伟，管理理论与实践脱节的界定依据、深层原因及解决思路［J］．管理学报，2009，6（9）：1143-1149．

[32] 王恒嘉，一家山寨企业的兴衰史［EB/OL］．http：//jb.sznews.com/html/2012-11/29/content_2295846.html

[33] 王雎，曾涛，开放式创新：基于价值创新的认知性框架［J］．南开管理评论，2011，14（2）：114-125．

[34] 汪家訸，中国大百科全书（第一版）［M］．中国大百科全书出版社，1987：490．

[35] 翁君奕，商务模式创新［M］．北京：经济管理出版社，2004．

[36] 魏天威,基于顾客价值的体验营销体系研究[D].吉林:吉林大学硕士论文,2008.

[37] 魏武挥,跨界:开启互联网与传统行业融合新趋势[M].机械工业出版社,2014.

[38] [美]维克托·迈尔·舍恩伯格著,大数据时代:生活,工作与思维的大变革[M].周涛译.2012.

[39] [美]威廉姆森,资本主义经济制度[M].北京:商务印书馆,2004.

[40] 徐振宇,杨婷竹,徐丹丹,电子商务与快递业跨界经营动因——以京东商城与顺丰为例的研究[J].商业时代,2014(15):64-67.

[41] 徐晋,平台竞争战略[M].上海交通大学出版社,2013.

[42] 肖月强,基于价值星系的超企业研究[M].西南财经大学出版社,2006:P42

[43] [美]熊彼特,经济发展理论[M].张培刚译.北京:北京出版社,2008.

[44] 杨武,申长江,开放式创新理论及企业实践[J].管理现代化,2005(5):4-6.

[45] 原磊,国外商业模式理论研究评介[J].外国经济与管理,2007,29(10):17-25.

[46] 於军,孟宪忠,从企业实践看跨界创新[J].企业管理,2014(9):72-76.

[47] 赵振,"互联网+"跨界经营:创造性破坏视角[J].中国工业经济,2015(10):146-160.

[48] 周辉,李慧,李光辉,商业模式构成要素及价值分析[J].学术交流,2012(7):65-68.

[49] 张宗斌,论我国闲置资源及其利用[J].经济纵横,1996(7):9-12.

[50] 张小宁,平台战略研究评述及展望[J].经济管理,2014(3):190-199.

[51] 张岩. 小米风暴 [M]. 中华工商联合出版社, 2015.

[52] 周倩. 红领模式：基于大数据的工业化定制 [J]. 中国工业评论, 2015 (10): 82-87.

[53] 朱彤. 外部性、网络外部性与网络效应 [J]. 经济理论与经济管理, 2001 (11): 60-64.

# 附　录

## 附录一：研究对象二手数据部分清单

| 序号 | 题目 | 期刊名称 | 年度/期号 |
| --- | --- | --- | --- |
| 一 | 小米 | | |
| 1 | 从实体价值链、价值矩阵到柔性价值网——以小米公司的社会化价值共创为例 | 管理评论 | 2015（27） |
| 2 | 从"小米"看国产手机的商业模式创新 | 财会月刊 | 2013（8） |
| 3 | 小米成功模式解析雷军才是关键 | 前瞻产业研究院 | 2015（8） |
| 4 | 无缝开放式创新：基于小米案例探讨互联网生态中的产品创新模式 | 科研管理 | 2014 |
| 5 | 雷军：小米未必赢，"小米模式"一定赢 | 中国经营报 | 2015（3） |
| 6 | 史上最全小米数据揭秘：这节奏任性！ | 驱动之家 | 2015（12） |
| 7 | 雷军小米访谈 | 搜狐视频 | 2013（6） |
| 8 | 有启发：雷军专访三小时干货集锦 | IT之家 | 2014（12） |
| 9 | 雷军：做有粉丝的公司 | 经理人 | 2012（6） |
| 10 | 小米科技的四次战略转型——谈雷军的创新远见 | 光明日报 | 2015（5） |
| 11 | 雷军：小米学到了这四家公司的精髓 | 经理人 | 2015（2） |

续表

| 序号 | 题目 | 期刊名称 | 年度/期号 |
| --- | --- | --- | --- |
| 二 | **罗辑思维** | | |
| 12 | 卢秀芳独家专访大陆传奇媒体人罗振宇 | 中时电子报 | 2016 (9) |
| 13 | 社群经济视角下自媒体的营销策略——基于"罗辑思维"的分析 | 青年记者 | 2015 (5) |
| 14 | 自媒体的品牌建构研究——以"罗辑思维"节目为例 | 青年记者 | 2014 (29) |
| 15 | 移动互联时代的信息生产与知识运营——以"罗辑思维"为例 | 出版广角 | 2016 (10) |
| 16 | 互联网思维下的自媒体节目特色分析——以《罗辑思维》为例 | 传媒 | 2015 (17) |
| 17 | 社群经济发展过程中的问题及对策 | 青年记者 | 2016 (15) |
| 18 | 互联网思维视角下媒体转型反思 | 青年记者 | 2015 (17) |
| 19 | 微信公众号的五类商业"变现"模式 | 新闻与写作 | 2015 (7) |
| 20 | 价值爆发与生态初现——2015年数字内容产业热点追踪 | 出版发行研究 | 2016 (3) |
| 21 | 搜狐传媒采访罗振宇 | 搜狐 | 2013 (12) |
| 22 | 社群大时代的罗辑玩法 | 商界 | 2014 (10) |
| 23 | 自媒体《罗辑思维》成功模式探究 | 新闻研究导刊 | 2015 (20) |
| 24 | 罗辑思维的商业逻辑 | 出版人 | 2016 (5) |
| 三 | **红领制衣** | | |
| 25 | 颠覆传统定制的红领集团访青岛红领集团董事长张代理 | 中国制衣 | 2014 (8) |
| 26 | 从"红领模式"看服装企业在互联网时代的突破 | 中国市场 | 2016 (6) |
| 27 | 中国服装制造博览会驱动制造创新 | 纺织服装周刊 | 2013 (32) |

续表

| 序号 | 题目 | 期刊名称 | 年度/期号 |
|---|---|---|---|
| 28 | 红领：数据驱动的服装制造 | It 经理世界 | 2015（23） |
| 29 | 红领集团：领跑"互联网＋服装定制" | 纺织机械 | 2015（7） |
| 30 | 红领：从传统企业到卓尔不群的服装 O2O | 智富时代 | 2015（6） |
| 31 | 红领李金柱：至今还未出现真正的共享经济 | 中国服装网 | 2016（5） |
| 32 | 流水线上的"私人裁缝"——走进红领集团 | 中国服装网 | 2016（5） |
| 33 | "老裁缝"红领集团逆天玩跨界 | 中国服装网 | 2016（6） |
| 34 | 青岛红领集团：通过新型商业模式培育自主品牌 | 中央人民政府网 | 2015（12） |
| 35 | "红领模式"：从工厂到定制平台 | 中外管理 | 2016（3） |
| 36 | 红领集团酷特智能 C2M 商业生态大规模个性化生产 | 中国制衣 | 2016（3） |
| 四 | **呗呗车服** | | |
| 37 | 呗呗车服开启货车维修新模式 | 百度平台 | 2015（11） |
| 38 | 货车兄弟：互联网＋商用车后市场连接司机与维修工 | 新浪浙江 | 2016（5） |
| 39 | 货车兄弟：互联网＋货车维修服务平台，邀你来赢！ | 搜狐 | 2016（7） |

# 附录二：访谈提纲

## 一、企业访谈

1. 公司是出于什么目的运用当前的商业模式的。主要是受哪些因素的影响。
2. 新的商业模式对企业业绩有没有影响？有哪些影响？

3. 为了实现网络经济商业模式，你付出了哪些努力，遇到了哪些问题？

4. 如何处理企业之间的关系？网络经济商业模式企业之间的关系发生了哪些变化。

5. 在经历构建网络经济商业模式的过程中，你获得了哪些启示。

## 二、用户访谈

1. 你对罗辑思维（红领制衣/小米/叮叮车服）最满意的地方是什么？哪些产品或服务你愿意付费。

2. 你会改用其他同类型的企业提供的产品或服务吗？如手机用苹果的。

3. 你觉得可以怎么优化罗辑思维（红领制衣/小米/叮叮车服）的产品或服务。

4. 你对罗辑思维（红领制衣/小米/叮叮车服）的哪些活动愿意参与，甚至提供帮助。

5. 你对于罗辑思维（红领制衣/小米/叮叮车服）还有其他哪些建议吗？

# 后 记

值此文付梓之际，回首读博四年感慨万千，当年的我怀着对罗珉导师的仰慕和在管理学教学工作与理论研究中遇到的诸多困惑，辞去教职，毅然来到西南财大读博。

离别了火热的南国深圳，来到惬意的成都，在美丽光华园，开始了我1500余日的博研生活，课堂上老师深入浅出的讲演，研讨会上师长的启发引导，图书馆中大量中外资料的阅读，一年的赴美交流，四年来祖国、学校的培养，尤其是我的导师和导师组各位老师的辛勤培育，各位师长和同学的支持与帮助，自己的努力苦读，一幕幕犹在眼前。

今天重读此文，虽然仍感粗糙和不足，毕竟凝聚了我很多的心血和思考。记得刚开始研究此课题时，前人的成果较少，可参改的资料不多且很分散，往往每一个论证都需要查证大量资料，工作量很大，怕我产生畏难情绪，导师就从相关课题入手引导我开展研究和论文写作。

在导师的指导下先后发表了三篇相关的论文，其中导师带我合著的《互联网时代的商业模式创新、价值创造视角》一文，被《中国工业经济》杂志发表后一年间被引用过万次，并被评为第二届中国工业经济优秀论文奖。为此文的撰写奠定了基础。今天我也希望能通过此文抛砖引玉，给读者带来启发，期望此文中的研究方法为大家认可，研究的成果经得起时间的考验。为完成这篇论文，我付出了几年的努力，许多老师、朋友和我的家人也为我付出了很多。写到此处感恩之心油然而生。

首先我要感谢我尊敬的导师——罗珉教授对我的辛勤培育和悉心的指导、呵护和关心。罗老师广博深厚的学识、前瞻敏捷的思维、科学严谨的学风开阔了我的视野，增强了我的自信，提升了我的能力。从专业理论基础到发表论文，再到博士毕业论文，我的每一个进步都凝聚着导师的心血。

感谢博士导师组的冯俭教授、张剑渝教授、徐宏玲教授及全体老师对我的关心和帮助，他们崇高的敬业精神让我受益匪浅，感动至深。正是他们许多的建设性意见和建议使本文的写作得以顺利进行。

感谢在本文写作过程中给予我支持和帮助的王雎副教授、赵亚蕊博士、马柯航副教授，好朋友闫海波副教授、曾常发博士、吴澄澄博士。感谢四年来陪伴我成长的博士研究团队的全体同学，一起读博的日子终身难忘，它是我一生的宝贵财富。

最后我要感谢含辛茹苦把我养大的爸爸妈妈。在我任性地追求自己梦想的时候，你们的爱和支持给了我战胜困难、勇往直前的勇气、信心和力量，你们是全天下最好的父母，祝福你们身体健康、晚年幸福。

最后，祝愿所有关心我和我关心的朋友们身体健康，阖家欢乐，万事如意。

李亮宇

2017 年 4 月 22 日于深圳信息职业技术学院雅士斋